JN096178

秩父ハイク

西武池袋線＆秩父線・秩父鉄道沿線の山歩きと秩父三十四札所巡り

HIKING
IN
CHICHIBU
GUIDE
BOOK

休日は
電車に乗って、
ぷらっと秩父へ
ハイキング！

山と溪谷社

CONTENTS

●カバー写真　表：羊山公園「芝桜の丘」と武甲山、竹寺の竹林（高橋郁子）
　　　　　　　裏：阿左美冷蔵金崎本店のかき氷（中村英史）、四阿屋山のフクジュソウ（高橋郁子）

秩父鉄道沿線の山歩き

秩父札所三十四観音霊場巡り

本書の使い方

本書で紹介するコースはすべて日帰りです。初心者でも歩けるコースを中心に紹介していますが、なかには健脚向きのコースもあります。また、駅から歩き始めるコースが多く、駅周辺や登山口周辺の立ち寄りスポットも紹介しています。ぜひ、ハイキング前後のお楽しみにお立ち寄りください。

コースガイドの見方

コースを選ぶうえで参考になる指標を紹介します。歩行タイムや距離、累積標高などは取材時にGPSで計測した実測データを基準に記載しています。データはあくまで目安です。ご自身の体力や経験に合わせてコースを選びましょう。

1 山歩きの参考になる指標

歩行タイム

スタートからゴールまでの歩行タイムの目安です。休憩や食事の時間は含んでいません。

歩行距離

スタートからゴールまでの歩行距離の合計です。距離が短くても、アップダウンが大きければ難度も上がります。

累積標高差

スタートからゴールまでの標高差を合計した数値です。山頂の標高が低くても、アップダウンが多いコースでは数値が高くなり、体力の要るコースになります。

難易度

歩行タイム、歩行距離、累積標高差を基にコースの難易度を3段階に分けました。

初級 ★☆☆

歩行時間は3時間程度。初心者やファミリーにおすすめのコース。

中級 ★★☆

歩行時間は4時間程度。コース途中に急な登りや下り、岩場など注意を要する場所があるコース。

上級 ★★★

本書のなかでも歩行距離が長く、アップダウンも多い健脚向きのコース。

2 コースポイント

コース中の主要な通過点をピックアップ。ポイント間の歩行時間の目安にしてください。

3 花の見頃

コースで主に見られる花の通常の花期（気温などによって多少前後します）を記載しました。

4 ヤマタイムでルートチェック！

QRコードをスマートフォンで読み取ると「ヤマタイム」の地図が表示されます。青い線が本書の紹介コースです。会員登録（無料）すると「登山計画書」の作成や、「GPXデータ」をダウンロードして、各種地図アプリにコースのログデータを取り込むこともできます。

● 黒帯のタイトル部分を軽くタッチして、上にスワイプすると下にスクロールします。
● 本書とヤマタイムでは地図の内容が一部異なる場合があります。

立ち寄りスポット

コースガイドと合わせて、登山前後に楽しみたいおすすめのお店などの情報を紹介しています。

立ち寄りスポット
Course 02

画像のレイアウトは変更する場合があります

進む道を間違えないように！

コースマップの見方

コースガイドには紹介のコースの概略図を掲載しています。登山口などわかりにくい箇所もあるので、地図に記載のポイントを確認しましょう。

① アクセス

スタート・ゴール地点の駅やバス停を紹介しています。ここから登山口までは徒歩でアクセスします。

② コース中の風景

コース上で見られる風景の写真。写真の番号はコース線上の番号に対応しています。

③ チェック！

コースを歩く際に知っておきたい情報や立ち寄りスポットを紹介しています。

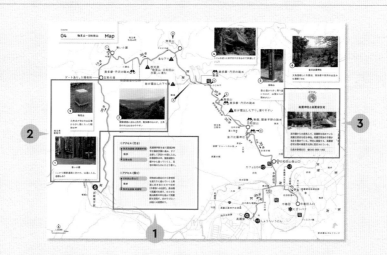

マップの記号・アイコン例

コースルート ▬▬▬	線路 ▬▬▬	登山道 - - -
舗装路 ▬▬▬		河川・池 ▬▬▬

▲ 山頂	⟶ ポイント間の歩行時間 **00分**	公衆トイレ コース中にトイレがない山もある
S スタート地点	① 写真の番号 各写真を撮影した位置を番号で示す	バス停
G ゴール地点	展望スポット 展望台や見晴らしのよい撮影スポット	立ち寄りスポット 掲載されている店舗の位置
登山口（下山口）	✽ 花マーク コース中に見られる花	卍 寺
○ コースポイント	⚠ 注意マーク 急登や岩場など歩行に注意する場所	神社

● 本書に記載の地図情報、交通機関情報、店舗情報、各種料金などのデータは2023年11月時点のものです。
発行後に変更になる可能性があるので、事前に最新情報を確認しましょう。また、各種料金は消費税込みの料金です。

西武池袋線 &

飯能駅を過ぎると
西武池袋線は一気に山深さを増す。
車窓からなだらかに連なる山々を眺め、
駅に降り立ったらのんびり山歩き。
山上集落や山の古刹、展望の頂、
奥武蔵の山は小さな驚きや発見に満ちている。

秩父線の山歩き

源義経が景色のよさに何度も振り返ったという顔振峠まではあとひと息（P38）

西武池袋線 &
秩父線の
山歩き
インデックスマップ

群馬県
藤岡市

神川町

長瀞町
野上駅

長瀞駅

神流川
462
神流湖

神流町

皆野町

皆野駅

赤平川

和銅黒谷駅
140

秩父鉄道

埼玉県

299

大野原駅

299

秩父駅

御花畑駅

西武秩父駅

横瀬駅

小鹿野町

武州中川駅

荒川

140

影森駅

1304 ▲
武甲山

08 日向山〜丸山
P56

三峰口駅

秩父鉄道

140

秩父市

秩父さくら湖

雲取山
▲ 2017

奥多摩町

山梨県

丹波山村

N

1:200,000
0　　　　　　　5km

411

美里町

深谷市

秩父鉄道

武川駅

熊谷駅

熊谷市

荒川

上越新幹線

高崎線

寄居駅

花園IC

寄居町

東武東上線

埼玉県

嵐山小川IC

滑川町

東秩父村

小川町

東松山IC

東松山駅

小川町駅

東武東上線

吉見町

嵐山町

東松山市

川島町

坂戸市

ときがわ町

八高線

鳩山町

関越自動車道

坂戸西スマートIC

坂戸駅

圏央道

横瀬町

越生町

越生駅

毛呂駅

毛呂山町

東武越生線

鶴ヶ島IC

鶴ヶ島市

鶴ヶ島JCT

正丸トンネル

西武秩父線

正丸駅

06 高山不動尊〜関八州見晴台
P44

05 ユガテ〜顔振峠
P38

04 物見山〜日和田山
P32

圏央鶴ヶ島IC

日高市

川越線

川越市

吾野駅

299

東吾野駅

高麗川駅

圏央道

名栗湖

07 竹寺〜子ノ権現
P48

西武池袋線

高麗駅

03 宮沢湖周遊
P22

狭山日高IC

西武新宿線

飯能市

02 天覧山〜多峯主山
P16

東飯能駅

飯能駅

299

狭山市駅

狭山市

01 加治丘陵
P10

入間IC

入間市駅

16

八高線

463

青梅線

東京都

入間市

所沢市

西武池袋線

多摩川

411

青梅市

青梅IC

Course

01 加治丘陵
かじきゅうりょう

雑木林が心地よい丘陵ハイキング。
関東平野を見渡す絶景の展望台から
北欧の童話の世界のような公園でのんびり。

きのこの家などメルヘ
ンチックな建物が立つ
トーベ・ヤンソンあけ
ぼの子どもの森公園

↓屋根のしつらえも美しい子ども劇場の建物

↓きのこの家は内部も楽しめる

歩行タイム	約2時間	難易度	初級 ★☆☆
歩行距離	約6.2km	累積標高差	約698m

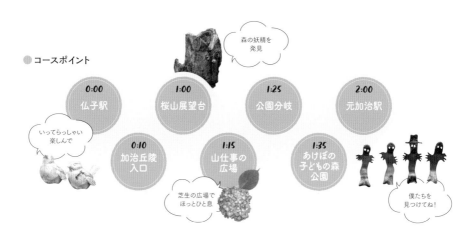

● コースポイント

森の妖精を発見

0:00 仏子駅

1:00 桜山展望台

1:25 公園分岐

2:00 元加治駅

いってらっしゃい楽しんで

0:10 加治丘陵入口

1:15 山仕事の広場

1:35 あけぼの子どもの森公園

僕たちを見つけてね！

芝生の広場でほっとひと息

　入間市と飯能市にまたがる加治丘陵は、豊かな自然が残るたおやかな丘陵地帯。ハイキングコースはほとんどが舗装された散策路、雑木林の中をのんびりと歩いてみよう。

　仏子駅から住宅街を進み、加治丘陵の散策路に入っていく。丘陵入口までは、わかりにくい分岐に道標や地図入りの看板が付けられている。ジグザグと舗装道路を上り、尾根道に出てからは心地よい樹林歩き。舗装道路の脇に山道がついているところもあるので、ときどき道路をそれて歩くのも楽しい。

桜山展望台には山名のわかる写真パネルがある

　桜山展望台への分岐で左折し、山道を進む。うっそうと木々が茂るなか、丸太の階段を交えた登りで、コンクリートの展望台に到着する。ひと息ついたら、階段を上って頂上まで足を運ぼう。文字どおり360度の展望が広がっている。丹沢や奥多摩の山々が連なり、天気に恵まれれば富士山や、赤城山など群馬の山々も眺められて爽快だ。

三角点があるが見晴らしはない阿須山の山頂

　景色を満喫したら、来た道を少し戻り、トーベ・ヤンソンあけぼの子どもの森公園への分岐を左折する。雑木林を進み、かなり急な丸太の階段を慎重に下りきると、トーベ・ヤンソンあけぼの子どもの森公園にたどり着く。森の中にかわいらしい建物やオブジェが点在する、北欧の童話の世界を再現したような空間。きのこの家は中に入ることもできるので、内部のしつらえを見学していきたい。

　公園でゆっくりとくつろいだら、入間川沿いを歩いて元加治駅をめざす。

入間川でアオサギ発見！

桜山展望台から都心の
ビル群を望む。スカイ
ツリーも見えた

↓山仕事の広場に丸太が積まれていた

←行程の大半は舗装された道を歩く

→かわいい鳥の巣箱を発見！

↓コース終盤はうっそうとした雑木林に

↓のびやかで心地よい入間川沿いの道

↓入間川を渡る電車が眺められた

のんびりハイキング前後にふらり

加治丘陵

スタートの仏子駅は北口に店が点在。
ハイキングの前においしいおやつを買って
森の中で食べるのが楽しみ。
下山途中にはちょっといいカフェも。

こんがり
もっちり
磯辺焼き

仏子駅北口の目の前にある

気さくなおかあさんが作る
素朴な味わいの和菓子

味のガーデン

気さくでやさしい女将さんが、ひとつずつ丁寧に手作りした和菓子が並ぶ。名物は深いコクと絶妙な甘みの本練りようかん。登山のお供にするなら、豆大福や磯辺焼きがおすすめ。おにぎりやおこわなども販売している。

入間市大字仏子957　☎04-2932-9780

手作りならではの
やさしい甘み

（左）本練りようかんの試食あり（右）手書きの看板がレトロ

ボリュームたっぷり、
北欧テイストのカフェめし

カフェプイスト

トーベ・ヤンソンあけぼの子どもの森公園の園内に立つカフェ。北欧の料理「スモーブロー」など、彩り鮮やかなフードやドリンクが味わえる。キッズスペースや、キッズメニューなど小さな子どもたちへの配慮もうれしい。

飯能市大字阿須893-1
☎080-4122-0141

季節のフルーツタルト

公園の景観に合う建物

生ハムとグレープフルーツのスモーブロー。彩りよくボリューム満点

ハッシュドビーフ
いかが？

飯能駅

西武池袋線

元加治駅
G

⑦ 大ケヤキ

川を渡る電車が
眺められる 👀

阿岩橋

⑦

橋のたもとに大ケヤキがそびえている。入間市の景観50選のひとつ

25分 ↗

🚻 阿須運動公園

⑥

トーベ・ヤンソンあけぼの子どもの森公園

ゆっくり園内を楽しんでいこう。カフェも併設されている

埼玉県
飯能市

ハイキングコース
入口

✈ カフェプイスト

**トーベ・ヤンソン
あけぼの子どもの森
公園**

体育館

🚻 🏛

⑥

⚠ 激烈に急な
階段の下り

10分 ↑

公園分岐 ◯

阿須山
▲189

三角点と
あずまやあり

加治丘陵

10分 ↙

あずまや

⑤

山仕事の広場

広々とした芝生の広場。トイレもある

🚻

山仕事の広場 ◯

⑤

④
🚻
👀 ◯

桜山展望台

⚠ 急な下り。
足元注意

⛩ 愛宕神社

15分 ←

● 農村環境改善センター

中橋

入間川

仏子駅

味のガーデン

ブーランジェリー
マシュー

① 仏子駅南口は住宅街に面している

西武池袋線

池袋駅 →

桜山展望台

仏子駅

元気な入間
ふれあい百人歩道

② 地図入りの看板が目印

仏子

10分

公園

⚠ 道標あり
「桜山展望台」方面に進む

埼玉県
入間市

③

⚠ 道標あり

加治丘陵入口

②

③ 舗装された散策路は歩きやすい

50分

武蔵野音楽大

④ 桜山展望台

コンクリート造りの建物が目を引く

● アクセス（行き）

● 西武池袋線 仏子駅

徒歩

● 加治丘陵入口

仏子駅南口から住宅街を進む。分岐の道標は「桜山展望台」方面に。公園を左手に見ながら川沿いを歩くと加治丘陵入口となる分岐。道標に従って右折し、ゆるやかに舗装道路を上っていく。

● アクセス（帰り）

● トーベ・ヤンソン
あけぼの子どもの森公園

徒歩

● 西武池袋線 元加治駅

トーベ・ヤンソンあけぼの子どもの森公園を出たら体育館を右手に見ながら進む。大通りを歩道橋で渡り、入間川の河川敷へ。途中で入間川を渡り、元加治駅へ向かう。

卍 豊泉寺

中神

N

1:11,000

0   200m

02 天覧山〜多峯主山

ヤマタイムで
ルートチェック！

駅から1時間弱で絶景の山頂へ。
心地よい雑木林や満開の花木も楽しめる
地元の愛され山。

多峯主山の山頂。1万2000個もの経文を書いた石が埋められたといわれる経塚がある

↓天覧山中段へ、ヤマツツジの道を進む

←天覧山直下の十六羅漢は表情がさまざま

→ヤマツツジの朱色が新緑に映える

歩行タイム	約2時間40分	難易度	初級 ★☆☆
歩行距離	約5.8km	累積標高差	約762m

ヤマツツジ・ミツバツツジの見頃

4月中旬～下旬

●コースポイント

ヤマツツジ満開！

0:00 飯能駅	0:45 天覧山	1:35 多峯主山	2:20 永田大杉バス停	2:40 永田大杉バス停
0:25 天覧山登山口	1:00 見返り坂	1:50 御嶽八幡神社	2:30 吾妻峡	

飛び石のドレミファ橋

飯能中央公園に鉄腕アトム

奥多摩方面の眺めよし

飯能の市街地近くにそびえる天覧山は、小学校の遠足などにも使われる「地元の愛され山」。200m足らずの標高ながら、山頂からはすばらしい展望が楽しめる。明治天皇が陸軍の演習で訪れたことが山名の由来だ。

天覧山から、隣に位置する多峯主山をつないで歩いてみよう。飯能駅北口を出発し、登山口に向かう。天覧山中段まではコンクリート舗装の道。道沿いにヤマツツジが植栽されており、見頃の時期は真っ赤な花のプロムナードが素敵だ。天覧山中段からは山道を進み、岩壁に並んでいる羅漢像を眺めながら山頂をめざす。天覧山の山頂からは飯能の市街地を眼下に、奥多摩・丹沢方面の山々が見渡せる。天気に恵まれれば富士山の姿もくっきり眺められるだろう。

いったん丸太の階段を下り、湿地帯を進んで見返り坂へ。源義経の母、常盤御前が何度も振り返りながら登ったという坂、今

（左）飯能中央公園はサクラの名所（右）風情ある能仁寺の参道

は丸太の階段になっている。心地よい雑木林の中を歩いていく。最後に古い石段交じりの急斜面を登ると多峯主山の山頂だ。多峯主山の山頂も眺めがよく、関東平野を一望にできる。空気が澄んだ日は高さ634mのスカイツリーも見つけられるだろう。

多峯主山からは「御嶽八幡神社／吾妻峡方面」への道標に従って下る。心地よい雑木林を進み、鳥居をくぐると沢沿いの道になり、バス通りに出ることができる。バスの時間に余裕があれば、吾妻峡に立ち寄り、美しい河原でひと息ついていくとよい。

天覧山山頂の看板

多峯主山の山頂からは関東平野が一望。都心のビル群、スカイツリーもくっきりと

↓天覧山からは階段の下り。周囲の新緑も鮮やか

↓多峯主山からの下山路、シャガが咲き乱れていた

↓のどかな沢沿いの道を進みバス停に向かう

↓澄んだ水の流れと緑が美しい吾妻峡

バス通りにちょっといい店

天覧山～多峯主山

永田大杉バス停から飯能駅に戻る
バス通り沿いにある
個性的な店や古刹巡りも楽しみ。
バスを途中下車して立ち寄るのも。

やわらかで
味わい深い
鶏ハム

おいしくて体にやさしい
発酵食品の魅力を知る

OH!!!
～発酵、健康、食の魔法!!!～

セレクトショップ、カフェ、レストランが併設
し、発酵食品の魅力をさまざまな角度から楽し
める。全国各地から取り寄せた発酵食品をはじ
め、地元産の新鮮な野菜や特産品がそろうほか、
発酵食品を使った軽食やスイーツが人気だ。

飯能市飯能1333
☎042-975-7001
（総合案内）

イートインで味わえる
お漬物食べ比べセット

季節の花に彩られたモダンな建物が印象的だ

店はバス通り沿いにある

もっちり
おいしい四里餅！

やさしい甘みのあんこ
飯能の銘菓「四里餅」

大里屋本店

飯能市民に愛される銘菓「四里餅」を製造・販売
する和菓子店。四里餅は大きな小判型の大福で、
つぶあんとこしあんの2種類がある。やさしい
甘みのあんこと、もちもちとしてやわらかな餅
の食感が絶妙。

飯能市永田453　☎042-972-3600

天覧山を背景に風格のある本堂

四季折々に彩られる
室町時代創建の古刹

庭園も
ぜひ拝観を

能仁寺

天覧山の登山口に立つ曹洞宗の古刹。仁王像の
立つ山門をくぐると、重厚なたたずまいの本堂
が目を引く。天覧山の南斜面を取り入れた、美
しい「池泉観賞蓬莱園庭園」も見どころのひとつ
（拝観有料）。

飯能市飯能1329　☎042-973-4128

階段の上りが続く ⚠

多峯主山
271

黒田直邦の墓

埼玉県
日高市

尾根道分岐

高麗駅分岐 ④

高麗駅分岐

35分

雨乞池
⑤
常盤平

15分

④

高麗峠方面との分岐はベンチのある広場

御嶽八幡神社 🚹 ◯ 👓
⑥

ベンチあり
配水場分岐 →

丸太の階段が長い ⚠

永田大杉バス停
🚏 G

30分

永田

大里屋本店 🗾

10分

吾妻峡

⑤
雨乞池
水が涸れたことがないといわれる池。池の
周りを一周できる

🏯

吾妻峡（ドレミファ橋）◯

入間川

卍 金蔵寺

茜台自然広場

卍
八耳堂

中平河原

⑥
御嶽八幡神社
神社の前から奥多摩の山々を眺められる

● アクセス（行き）

西武池袋線 飯能駅
↓ 徒歩
天覧山登山口

飯能駅北口を出て直進。東
町交差点を左折し、飯能河
原方面へ向かう。突き当た
りを右折し、左手に観音寺
の境内を眺めながら進む。
飯能中央公園の先で道路を
渡り、天覧山登山口へ。

● アクセス（帰り）

永田大杉バス停
↓ 国際興業バス
西武池袋線 飯能駅

吾妻峡から道を戻って県道
に出るとすぐ、永田大杉バ
ス停に到着する。永田大杉
バス停から飯能駅へのバス
は1時間に3〜4本。

N
1:12,000

0　　　200m

龍崖山登山口
龍崖山公園 ●　　　● 龍崖山公園入口

↑高麗駅

ムーミンバレーパーク

ほほえみの丘
●天覧山分岐

③ 天覧山山頂

コンクリートの展望台から景色を楽しもう

高麗峠入口

加治神社 ⛩

見返り坂
高麗峠分岐

15分

③
天覧山
197

② 山頂直下、石段状の岩場を越える

ツツジの群落

20分

① 天覧山中段
あずまやあり

十六羅漢

能仁寺

西武池袋線

原町

卍

⛩

299

OH!!!
～発酵、健康、
食の魔法!!!～

天覧山登山口

住宅街越しに天覧山が見える

飯能中央公園●

市民会館 ●

観音寺 卍

本町

① 天覧山中段

休憩に適した広場で、トイレもある

飯能河原

割岩橋

●子ども図書館

●奥武蔵旅館

仲町

東町交差点

英国屋 ●

キリスト教会

25分

稲荷町

北口 S 飯能駅

南口 西武池袋線

柳町

299

ヤマタイムで
ルートチェック！

03 宮沢湖周遊

心地よい雑木林をのんびり散策、
宮沢湖をめぐる周回ルート。
春はルートのあちこちをサクラやツツジが彩る。

青々とした湖面の宮沢湖。春は湖岸を淡いピンクのサクラがぽつぽつと彩る

宮沢湖の湖畔のサクラ。見頃は3月下旬〜4月上旬

↓建物も愛らしいムーミンバレーパーク

↓ほほえみの丘はサクラやツツジが植栽されている

→散策路は適度にアップダウンがある

歩行タイム	約3時間50分	難易度	初級 ★☆☆
歩行距離	約9.1km	累積標高差	約410m

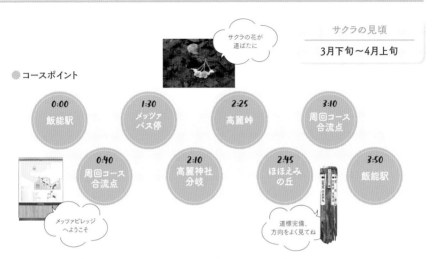

サクラの花が道ばたに

サクラの見頃
3月下旬〜4月上旬

● コースポイント

- **0:00** 飯能駅
- **0:40** 周回コース合流点 — メッツァビレッジへようこそ
- **1:30** メッツァバス停
- **2:10** 高麗神社分岐
- **2:25** 高麗峠
- **2:45** ほほえみの丘
- **3:10** 周回コース合流点
- **3:50** 飯能駅

道標完備、方向をよく見てね

メッツァビレッジはレストランやショップも多数

宮沢湖は昭和16年に完成した、周囲2kmの人造湖。湖畔には、ムーミンの物語を体験できる「ムーミンバレーパーク」、北欧のライフスタイルを感じられる「メッツァビレッジ」があり、観光客でにぎわっている。宮沢湖とゴルフ場の合間を縫うように周回する散策路は雑木林の雰囲気がよい。四季を通じて歩けるが、宮沢湖の湖畔やほほえみの丘などでサクラが咲き乱れる春先が美しい。

飯能駅北口から国道299号を進む。目の前にこんもりと茂る丘がこれから歩く宮沢湖の森だ。ひと登りで周回コースに合流するので、右折し、まずは宮沢湖をめざそう。静かな樹林の中、小さなアップダウンを繰り返す。宮沢湖の湖畔にはベンチが設けられて湖が一望できる。ひと息ついていこう。

湖から離れて再び山道に。ゴルフ場に囲まれており、ところどころでボールよけのフェンスがある。高麗峠には立派な看板が立てられている。西方向の眺めがよい萩の峰を過ぎ、しばらく進むとほほえみの丘の広場に到着。ツツジやサクラの名所で、サクラの大木が見事だ。ベンチやテーブルもある。

宮沢湖を眺められるベンチが並んでいた

ほほえみの丘からは緩やかに下り、道路の下をくぐる。桜並木からさらに進むと、周回コースの入り口にたどり着き、来た道を戻る。

駅起点でルートを紹介しているが、メッツァバス停を起点にした周回ルートにしてもよい。飯能駅からメッツァへのバスは1時間に2〜3本（土休日は4〜5本）の運行だ。

長く続く丸太の階段をゆっくり上っていく

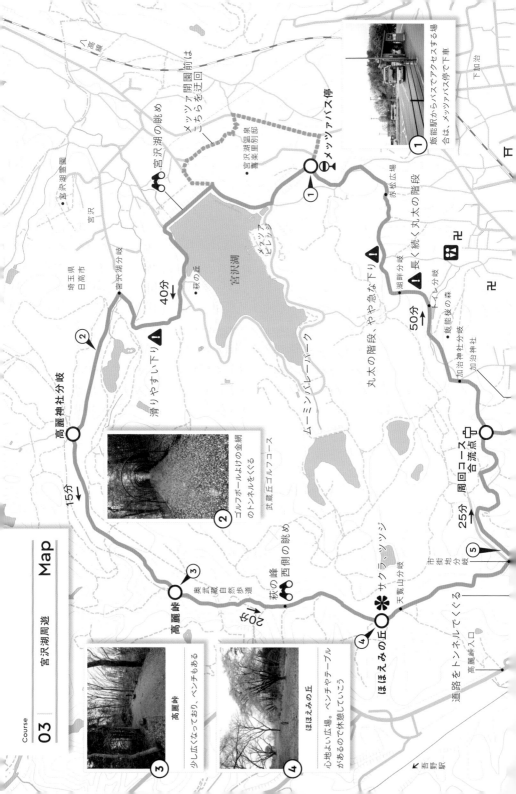

① 飯能駅からバスでアクセスする場合は、メッツァバス停で下車

メッツァ開園前は こちらを迂回

宮沢湖の眺め

① メッツァバス停

宮沢湖温泉 喜楽里別邸

八高線

下加治

メッツァビレッジ

宮沢湖遊霊園

埼玉県 日高市

宮沢

宮沢湖分岐

萩の丘

宮沢湖

40分

② 高麗神社分岐

15分

滑りやすい下り

赤松広場

⚠ 長く続く丸太の階段

⚠ 湖畔分岐

⚠ 飯能桜の森

トイレ分岐

加治神社分岐

加治神社

卍

卍

卍

丸太の階段、やや急な下り

50分

武蔵丘ゴルフコース

② ゴルフボールよけの金網のトンネルをくぐる

奥武蔵自然歩道

③ 高麗峠

20分

萩の峰 西側の眺め

天覧山分岐

市街地分岐

25分 周回コース合流点

⑤

④ ほほえみの丘 サクラ・ツツジ

道路をトンネルでくぐる

高麗峠入口

吾野駅

③ 高麗峠
少し広くなっており、ベンチもある

④ ほほえみの丘
心地よい広場。ベンチやテーブルがあるので休憩していこう

●アクセス（行き）

西武池袋線 飯能駅

↓徒歩

周回コース合流点

飯能駅北口から、国道299号を直進。「宮沢湖」の看板を過ぎ、階段を交えたより道を進むと、周回コースに合流する。

●アクセス（帰り）

周回コース合流点

↓徒歩

西武池袋線 飯能駅

来た道を戻る。同じ道を歩くことにはなるが、周回コースをメッツァ停まで進み、国際興業バスで飯能駅に戻ることもできる。メッツァバス停から飯能へは約13分。

1:13,000

0　　　200m

青木

卍

299

埼玉県
飯能市

東飯能駅

八高線

飯能市役所

緑町

米町

299

299

「宮沢湖」の看板あり

40分

東町

卍

八幡町

原町

卍

仲町

表町

柳町

南町

飯能駅

S G

北口

南口

西武池袋線

→池袋駅

飯能大橋

チェック！

飯能はムーミンの街？

トーベ・ヤンソンあけぼの子どもの森公園の創設をきっかけに、ムーミンの物語の作者、トーベ・ヤンソンとの交流があった飯能市。ムーミンバレーパークが飯能市に開設されたのは、作品との縁に加え、豊かな水と緑の景観や、自然と調和した人々の暮らしがムーミンの世界観をつくり出すのに適した場所と認められたからだ。

⑤

道路をトンネルでくぐると桜並木が現れる

中央公園

市民会館

卍

立ち寄りスポット

飯能駅周辺の
おすすめ喫茶＆食事処＆土産

秩父や奥武蔵エリアの登山の起点となる飯能駅。
飯能駅北口周辺は多くの店が立ち並び、下山後の楽しみに事欠かない。

うどん

古い新聞の
記事を発見

肉つゆうどん（並）。大、特大もあり

（左）昭和2年築の風情あふれる建物
（右）気どらない雰囲気、畳敷きの広間

具だくさんの肉つゆでいただく
ツヤツヤでのどごしのよいうどん

古久や

創業は江戸時代末期、うどんの人気店。つやつ
やと輝く自家製麺のうどんはコシがあり、のど
ごしがよい。メニューはうどんのみ、名物の肉
つゆうどんは、豚肉やねぎ、しいたけなどの具
がたっぷり入ったつゆとうどんの相性が抜群
だ。ボリューム満点なのもうれしい。

飯能市八幡町6-9　☎042-972-3215

ご飯2合分を使ったオムライス。昔ながらの味わい

そば以外の
メニューも充実
地元で愛される
大衆食堂

そば処長寿庵

飯能銀座商店街に立つそば
処。定番のそば・うどんを
はじめ、丼物、定食類など
メニューが豊富で、町の大
衆食堂として愛されてい
る。なかでも人気が高いの
がボリューム満点のオムラ
イス。飯能の地場野菜を使
った野菜3倍肉汁せいろな
ど、地元愛にあふれた
メニューも。

飯能市仲町7-28
☎042-972-3596

紙ナプキンの
印刷もいい感じ

メニューの看板もレトロな雰囲気

テーブル席と小上がり、くつろげる

蔵造りの建物でひと息
旬のフルーツをパフェで

蔵カフェ草風庵

明治時代末期に造られた納
屋蔵を改装した居心地のよ
い店内で、旬のフルーツを
生かしたスイーツが味わえ
る。本業が果物店のため、
フルーツの品質はお墨付き。
いちばん人気の季節のフル
ーツパフェは、10～12種
類のフルーツを贅沢にトッ
ピング。本日のタルトもぜ
ひ味わいたい。

飯能市山手町4-1
☎070-3230-2385

蔵造りの建物が目を引く

シックな雰囲気の1階席

上質なフルーツがたっぷり

大きく切ったフルーツがたっぷり、季節のフルーツパフェ

和菓子

→こぢんまりとした店構え

こっくり甘い味噌が絶妙
味噌付けまんじゅう

新島田屋

創業明治7年、地元の人々に愛される和菓子店。名物の味噌付けまんじゅうは、ふわふわの生地のまんじゅうを炭火で軽く焼き、味噌だれをつけたもの。飯能で林業が盛んだった時代に、川で材木を運ぶ人々が弁当代わりに持ち歩いていたという、飯能の伝統の味だ。

飯能市八幡町7-7 ☎042-972-2098

注文を受けてから焼き、味噌だれをつける

彩り鮮やかなケーキや
厳選素材の焼菓子をお土産に

夢馬クッキーをどうぞ

和洋菓子

夢彩菓すずき

明治時代初期に和菓子の店として創業し、現在は洋菓子がメイン。国産の小麦粉や、風味のよいスペイン産のアーモンドなど上質な素材を使ったケーキや焼菓子が人気だ。飯能市のゆるキャラ「夢馬」をかたどったクッキーはお土産に喜ばれる一品。

飯能市仲町6-11
☎042-972-2071

飯能銀座商店街に立つ

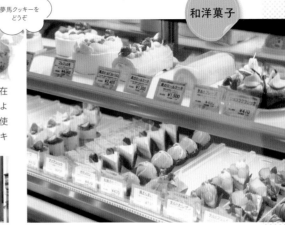

ショーウインドウに色鮮やかなケーキが並ぶ

酒

まるで迷宮、ミュージアムのような店内

地元の銘酒から海外の酒まで
品揃えも豊富な「酒の博物館」

地元酒蔵とコラボした日本酒

丸屋酒店

創業明治16年、飯能大通り商店街に店を構える酒店。品数が非常に多く、地元飯能や秩父の日本酒、ワイン、ウイスキーなどがそろうほか、店の奥には世界各地の洋酒が並び、酒の博物館のよう。知識が豊富で思い入れも強いスタッフとの会話も楽しみ。

飯能市仲町20-15 ☎042-972-2754

→昭和レトロな雰囲気

奥武蔵ハイキングが楽しくなる
オリジナルグッズも豊富

飯能アルプスの
キャップ

ひだまり山荘
飯能店

飯能駅の駅ビル内にある登山・アウトドア用品店。登山が快適になる厳選したアイテムをそろえている。飯能アルプスや奥武蔵ロングトレイルのTシャツやキャップなど、店のオリジナルアイテムもある。アニメ「ヤマノススメ」のオリジナルグッズやファンアートなども展示。

飯能市南町1-22　西武飯能ステーションビル南口2F
☎042-974-1988

（左）ウェアからギアまで豊富にそろう
（右）オリジナルグッズもあり

飯能駅改札を出て1分

トレイルランニングのアイテムも充実

日帰り入浴も可能
隠れ家のような
ビジネス旅館

日帰り
入浴＆
宿泊

奥むさし旅館

飯能の町並みの中に位置する、全室和室のビジネス旅館。飯能駅から徒歩8分、登山の前日泊、あるいは下山後の宿泊に便利だ。日帰り入浴に対応しており、広々とした大浴場でさっぱりと汗を流せるのがありがたい。

飯能市仲町24-8　☎042-973-2766

ジェットバスになっている大浴場

奥武蔵の
情報発信基地
飯能の土産物もここで

観光
案内所

ぷらっと飯能

飯能駅の改札を出てすぐのところにある観光案内所。スタッフが常駐しており、観光情報を丁寧にアドバイスしてくれる。飯能周辺の特産品も販売しており、「帰る直前のお土産スポット」としても便利な存在だ。

飯能市仲町11-21　☎042-978-9111

右側が特産品販売コーナー

彼女たちが暮らす街、歩いた道をたどる

アニメ『ヤマノススメ』聖地巡礼さんぽ

町のあちこちに
私たちがいるよ。
見つけてね！

みんなのこと、
待ってるよ！

ヤマノススメ MAP

見返り坂

① 天覧山 ▲197

卍 ② 能仁寺

③ 観音寺
白いゾウの足元であおいとひなた
がおやつを食べるシーンが多い

天覧山登山口

⑦ • 飯能中央公園 ⽂

① 天覧山
高校生になったあおいとひなたが
一緒に登った初めての山

• 市民会館

卍 ③ 観音寺

埼玉県
飯能市

西武池袋線

岩根橋　入間川

⑩ 飯能河原

⑥ •

卍

店蔵絹甚
• 飯能大通り商店街

こども図書館

• 奥むさし旅館

⑤ 飯能銀座商店街

④

割岩橋

⑨

② 能仁寺
あおいとひなたが最初に天覧山を
登ったときの待ち合わせ場所

キリスト教会•

北口

飯能駅

南口

1:13,000
0　　　　200m

アニメのほか、
紙の単行本や
電子書籍で
読むこともできるよ！

ヤマノススメ①

人付き合いが苦手で高所恐怖症の女子高
校生・ひなたが、幼なじみのあおいと
の再会をきっかけに登山の世界に目覚め、ハ
マっていく姿を描く人気の山マンガ『ヤマノ
ススメ』。2011年に連載がスタートし、その
後テレビアニメ化されている。自分の足で歩
いて素敵な景色に出合う喜び、大切な仲間た
ちとのつながり、登山の魅力が丁寧に描かれ
た作品だ。
　登場人物たちが暮らしている街が飯能市。

ひなたたちが通っている高校
は、飯能市内にある実在の学
校がモデルになっており、街
のあちこちの風景、店や施設が作中に登場す
る。飯能駅から徒歩で行ける場所も多く、ア
ニメに登場した場所を訪れる「聖地巡礼」を
行なうファンも多い。飯能駅周辺には、登場
人物の等身大パネルが設置されていたり、店
内にポスターが掲示されている店もあり、飯
能の街歩きの楽しみのひとつになっている。

④ 飯能銀座商店街
夢彩菓すずき（作中では「すすき」）
はこの商店街に立っている

⑤ 夢彩菓すずき
あおいのアルバイト先。改装で外
観が変わっている

⑥ 飯能中央地区行政センター
あおいが通う図書館のモデル。現
在は公民館として使われている

⑦ 飯能中央公園
あおいが滑落したジャングルジム
があったが、現在は撤去

⑧ 踏切
東飯能駅近く。嫌がるあおいの手
を引いてひなたが通過した

⑨ こども図書館
三角屋根の建物。ひなたの家のモ
デルになった場所といわれている

⑩ 飯能河原
あおいとひなた、ここな、かえでが
デイキャンプを楽しんだ場所

文 聖望学園

埼玉県
飯能市

東飯能駅

Course

04 | 物見山〜日和田山

もの み ひ わ だ

ヤマタイムで
ルートチェック!

丹沢や奥武蔵、富士山も眺められる
絶景をつないで歩く縦走ルート。
秋は真っ赤なヒガンバナの群落も楽しみ。

巾着田のヒガンバナ群
落。真っ赤な花が絨毯
のように咲き乱れる

←初秋の登山道を彩るシュウカイドウの花

↓高麗駅に向かう道中、コスモスが咲いていた

→樹林を抜けたらヒガンバナの小道が現われた

歩行タイム	約3時間30分	難易度	中級 ★★☆
歩行距離	約9.5km	累積標高差	約1043m

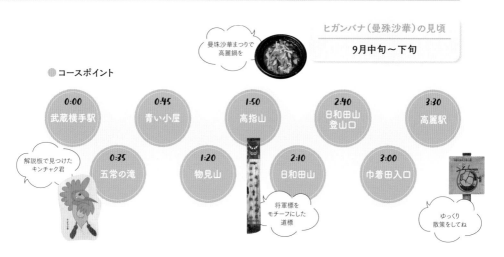

曼珠沙華まつりで
高麗鍋を

ヒガンバナ（曼殊沙華）の見頃
9月中旬～下旬

● コースポイント

0:00 武蔵横手駅	0:45 青い小屋	1:50 高指山	2:40 日和田山登山口	3:30 高麗駅

解説板で見つけた
キンチャク君

| 0:35 五常の滝 | 1:20 物見山 | 2:10 日和田山 | 3:00 巾着田入口 | |

将軍標を
モチーフにした
道標

ゆっくり
散策をしてね

　山頂からの眺望がすばらしく、地元の人々にも親しまれている日和田山。武蔵横手駅から日和田山へ向かう縦走ルートは、奥武蔵らしい心地よい樹林歩きと展望が楽しめる。

　武蔵横手駅から沢沿いの舗装道路を進み、青い小屋の立つ分岐から山道に入る。静けさ漂う針葉樹の森を進み、物見山へ向かう。物見山の山頂は広場になっている。三角点は山名柱のある広場から数分進んだ樹林の中だ。

　物見山から急な山道を下り、いったん舗装道路に出る。高指山は山頂看板の前から奥多摩方面の山々が連なり、天気に恵まれれば大岳山の左手に富士山が頭をのぞかせている。高指山から再び山道に入るが、ところどころ岩が露出して滑りやすいので慎重に。樹林がやや明るい広葉樹になり、最後に岩と木の根が露出した斜面をひと登りすれば日和田山の山頂に到着だ。山頂からは東側の眺めがよく、関東平野が一望できる。

(左)広場になっている物見山の山頂
(右)高麗駅周辺は無人の農産物直売所が点在

　山頂を後にして、金刀比羅神社へ。社殿の前がこのルート随一の展望ポイントだ。眼下に広がるのは巾着田。高麗川が蛇行してできた地形がよくわかる。大山や大室山など丹沢の山々、大岳山や御前山など奥多摩の山々もきれいに見渡せて気持ちがよい。

　金刀比羅神社から男坂と女坂に分岐するが、歩きやすい女坂へ。日和田山登山口に出たら道標に従い、高麗駅をめざす。9月には巾着田のヒガンバナの群落が見頃を迎えている。高麗駅のホームからは登ってきた日和田山と山並みが眺められ、達成感も味わえるだろう。

高麗駅には巨大な将軍標が立つ

金刀比羅神社の前は巾着田を望む絶景ポイント。丹沢、奥多摩の山々も眺められる

↓多くの登山者でにぎわう日和田山の山頂

↓高指山からは富士山の姿も！

↓ヒガンバナの見頃に合わせ「曼珠沙華まつり」を開催

↓高麗駅のホームから日和田山を望む

立ち寄りスポット
Course 04

高麗駅周辺で山の余韻を味わう
物見山～日和田山

日和田山登山口から高麗駅に向かう
途中には魅力的な飲食店があちこちに。
カフェでゆったりくつろいだり、
食事でしっかりおなかを満たしたり。

つるりとのどごしよく、
もちもちコシのある手打ち麺

きのこたっぷり
冷やしきのこ
うどん

しょうへいうどん

高麗駅前に立つ手打ちうどん
の店。2種類の小麦粉をブレンドして打つ手打
ちうどんは、もちもちとした食感とコシが身上。
肉汁うどんはうどんのおいしさと肉汁の風味が
絶妙。丼物や定食類もボリューム満点だ。

日高市台191-5　☎042-982-0071

→ボリュームたっぷりの肉汁うどん

→テーブル席と小上がりがある店内

日和田山カレー。付け合わせの野菜もたっぷり

日和田山をカレーで味わう?
自家製ベーグルをお土産にも

ベーグル
できたてですよ～

カフェGOA

日和田山登山口そばに立つカフェ。居心地のよ
い店内でのんびりくつろげる。日和田山カレー
は、日和田山をかたどったご飯に、スパイスの
効いたカレーがよく合う。店頭では自家製ベー
グルも販売している。

日高市高麗本郷295-7　☎042-981-9064

地域の政治を担ってきた
名家の屋敷を見学

高麗郷古民家（旧新井家住宅）

江戸時代には名主、明治時代になってからは高
麗村の村長も務めた新井家の住宅。母屋は江戸
時代末期～明治時代前半、客殿は明治時代の建
物で、庭から室内を見学できる。土蔵では写真
の展示なども行なっている。

日高市高麗本郷245　☎042-989-2111（日高市役所）

国登録有形文化財の客殿と母屋

→内部のしつらえも興味深い

埼玉県
毛呂山町

② 物見山
375

ヤセオネ峠

① 青い小屋

中野

10分

35分

急な下り ⚠

小瀬名

奥多摩・丹沢の眺め 🔭

四差路
「物見山・日和田山
方面」に進む ⚠

ゲートあり。入場有料 ─ ○ 五常の滝

馬頭観音の石碑

岩が露出した下り道 ⚠

駒高

③ 舗装道路に出ると丹沢、奥多摩の山々が。三角
形の大山はわかりやすい

③

横手

② 物見山

三角点があるのは広場
から少し奥に入った樹
林の中

● **アクセス（行き）**

● 西武池袋線 武蔵横手駅

　徒歩

● 五常の滝

武蔵横手駅を出て国道299
号を飯能方面に進み、すぐ
左折して沢沿いの道に入る。
針葉樹林の中、舗装道路を
緩やかに登っていくと、五常
の滝の入り口にたどり着く。

● **アクセス（帰り）**

● 日和田山登山口

　徒歩

● 西武池袋線 高麗駅

日和田山登山口から住宅街
を道なりに進んでいくと県
道に突き当たるので右折
（巾着田へは左折）。鹿台橋
で高麗川を渡り、のどかな
里山風景のなかを進んで高
麗駅をめざす。わかりづら
い分岐には道標あり。

① 青い小屋

ここから舗装道路と分かれ、山道に入る。
道標もあり

吾野駅

高麗川

椿窯

S 武蔵横手駅

卍

埼玉県
飯能市

N
1:16,000
0 ──── 200m
35分

④ トイレの近くにあずまやがあるので休憩していこう

⑤ 高指山

登山道から少し寄り道になるが、山頂からの眺めがよい

⑥ 金刀比羅神社

大鳥居越しに巾着田、奥多摩や丹沢の山並みを満喫できる

🔍 奥多摩・丹沢の眺め
—— 駒高

🚻 ④
•—— ふじみや

30分

⑤ ▲ 高指山
🔍 奥多摩・丹沢の眺め

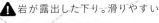
⚠ 岩が露出した下り。滑りやすい

奥武蔵自然歩道

20分

🔍 東側、関東平野の眺め
日和田山
▲ 305
🔍 ⑥

埼玉県
日高市

日向分岐
富士見岩

清流

卍 金刀比羅神社

男坂 女坂
男岩
道標「チャートの小径」• 女坂
• 女岩

30分
女坂分岐

元宿

高麗本郷

🚻 日和田山登山口

🍽 カフェGOA

日向

🍽 高麗郷古民家

前畑

栗坪
卍

卍
天神橋

あいあい橋

🏔
高麗神社

鹿台橋

自治会館

久保

阿里山
カフェ

20分

高麗郷民俗資料館
🏫

梅原
卍

高麗橋

299

台の高札場跡•

水元の碑

佐田牧場

30分

市原

高麗石器時代住居跡

🚻

🌸 ヒガンバナ

巾着田

〇 巾着田入口

台

西武池袋線

高麗駅 G

🍽 しょうへいうどん

🚻

ドレミファ橋

飯能駅↓

新武蔵丘ゴルフコース

チェック！
👉

高麗神社と高麗家住宅

高句麗からの渡来人で、高麗郡を治めていた高麗王若光を祀る神社。高麗王若光の子孫が当主を務めている。神社に隣接する、高麗家住宅は国の重要文化財に指定されている。

日高市新堀833 ☎042-989-1403

05 ｜ ユガテ〜顔振峠

<ruby>顔<rt>かお</rt></ruby><ruby>振<rt>ぶり</rt></ruby><ruby>峠<rt>とうげ</rt></ruby>

ヤマタイムで
ルートチェック！

シダレザクラやツツジ、
春の花木が咲き乱れる山上集落から
義経伝説の残る峠をめざす。

ユガテに到着。濃いピンクのシダレザクラが出迎えてくれる

↓山あいに民家が2軒、田畑が広がるユガテののどかな風景

←虎秀川沿いにサクラやハナモモが咲き乱れている

→木の根が露出した登山道が続く

歩行タイム	約4時間20分	難易度	上級 ★★★
歩行距離	約11.4km	累積標高差	約1750m

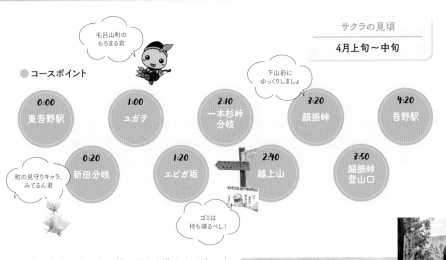

サクラの見頃
4月上旬〜中旬

毛呂山町の
もろまる君

● コースポイント

下山前に
ゆっくりしましょ

| 0:00 東吾野駅 | 1:00 ユガテ | 2:10 一本杉峠分岐 | 3:20 顔振峠 | 4:20 吾野駅 |

町の見守りキャラ、
みてるん君

| 0:20 新田分岐 | 1:20 エビガ坂 | 2:40 越上山 | 3:50 顔振峠登山口 |

ゴミは
持ち帰るべし！

春は花木で彩られ、桃源郷とも称される小さな山上集落・ユガテから雨乞いの山・越上山を経て、義経伝説の残る顔振峠へ。花と歴史を楽しむ縦走路を歩いてみよう。

東吾野駅から福徳寺を経由し、新田分岐からユガテをめざす。道沿いに春はサクラやハナモモが咲いているのも美しい。登山口から針葉樹の林の中を登りきるとユガテに到着する。濃いピンクのシダレザクラに出迎えられると、山あいに小さな田畑が広がり、のどかな雰囲気。ベンチでひと息ついていこう。

ユガテから先はうっそうと木々が茂る雑木林を進む。登山道はわかりやすく、分岐には道標もつけられているが、適度にアップダウンがあり、岩が露出している箇所もあるので気が抜けない。初夏はアセビの白い花が目を楽しませてくれるだろう。越上山は、山頂の眺めはいまひとつ、山頂手前に東側の眺めのよいところがある。

スカイツリーのビューポイント、空気の澄んだ日に訪れたい

奥武蔵グリーンラインに出てしばらく車道を進むと、顔振峠へ。源義経が兄の頼朝から追われて奥州に向かう途中で、この地に立ち寄ったという伝説がある。道の険しさに弁慶があごを出し、首を振りながら歩いたとも、景色の美しさに義経が何度も振り返りながら歩いたともいわれている。今は道を挟んで2軒の茶店が並ぶ。

顔振峠からは吾野駅へ下る。下り始めの道沿いにもサクラやミツバツツジが咲き、目を楽しませてくれる。ジグザグと山道を下り、舗装道路の越生長沢線に出たら川沿いに進み、ゴールの吾野駅へ。

サクラと時を同じくして咲くミツバツツジ

↑越上山直下の岩場、慎重に進もう

↑顔振峠からは奥武蔵や奥多摩の山々が見渡せる

顔振峠からの下り道、
花咲く集落越しに奥武
蔵の山々を望む

↓顔振峠は花盛り、ミツマタがかわいらしい花をつけていた

↓少し寄り道して、花に彩られた風影の集落を歩く

昔の旅人に想いを馳せて

ユガテ〜顔振峠

秩父観音参りの人も行き来をした秩父街道。
吾野は宿場町として栄え、
街道沿いに古民家が点在する。
絶景の顔振峠と、知られざる宿場町でひと息。

すっきりした味わいのざるそば

季節の天ぷらを
どうぞ

（左）奥武蔵グリーンライン沿いに立つ（右）ゆったりくつろげる店内

絶景を眺め味わう
そばや天ぷら

平九郎茶屋

顔振峠に立つ茶店で、幕末、渋沢栄一の養子であった渋沢平九郎が敗走する道中で立ち寄ったというのが店名の由来。眺めのよい店内でくつろげる。風味のよいそばや、季節の素材を使った揚げたての天ぷらが人気。気さくで元気なおかあさんのおもてなしも楽しみだ。

飯能市長沢1562
☎ 042-978-1525

やさしい味にほっこり
うどんや手作りピザ

Enjoy Agano

古い民家の作業小屋を改築した、素朴な雰囲気の食堂。自家製麺の手打ちうどんやピザ、定食が味わえる。店主夫妻が自家栽培した野菜が、定食や酒のつまみの小鉢に並ぶのもうれしい。おにぎりや唐揚などのテイクアウトもあり。

飯能市坂石町分229-2
☎ 042-978-8170

内装は
店主夫妻のDIY!

↑手作りののれんもいい感じ
↓テイクアウトのおにぎり

吾野産はちみつとゴルゴンゾーラチーズのピザ

サクラや
ツツジなどが咲く
山村風景

奥武蔵
グリーンライン

顔振峠

顔振茶屋

平九郎茶屋

西側の眺め
サクラ、ツツジ

雨乞塚

ベンチ

摩利支天尊

30分

40分

長沢

顔振峠登山口

越生長沢線

30分

5

阿寺諏訪神社

山中にひっそりと立つ。江戸時代には疫病除け
で信仰されていたという

上長沢

西武秩父駅

中尾

法光寺

299

西武秩父線

299

吾野湧水

G 吾野駅

奥武蔵美晴休憩所

吾野中

大野精肉店

吾野宿

若松屋

Enjoy Agano

舗装道路の急な登り ⚠

奥武蔵小

下長沢

6

顔振峠

奥武蔵グリーンライン沿い、観光
客も多く訪れる

埼玉県
飯能市

久ノ本

中峰

西武池袋線

南元組

下平

坂組

西組
西

7

道沿いにパノラマ写真の山名板があり、山
座同定が楽しい

前坂

● **アクセス（行き）**

西武池袋線 東吾野駅

徒歩

新田分岐

東吾野駅から高麗川を渡り、
国道299号を秩父方面へ。
最初の分岐を道標に従って
右折し、虎秀川沿いの道を
進む。地蔵堂と看板のある
新田分岐を右折し、登山道
に入る。

● **アクセス（帰り）**

顔振峠登山口

徒歩

西武秩父線 吾野駅

沢沿いの舗装道路を進み、
突き当たりを道標に従って
右折。集落の中を「吾野駅」
への道標に従って進むと、
国道299号に突き当たるの
で右折。5分ほどで吾野駅
に到着する。

N
1:21,000
0 ——————— 500m

埼玉県
越生町

④
越上山
566

山頂手前、
東側の眺め

一本杉峠

30分 ←

● 獅子ヶ滝分岐

一本杉峠分岐

岩場

スカイツリーの眺め。
看板あり

阿寺諏訪神社

⑤ 卍

樹林が切れ
道の両側の
眺め

▲ 蟹穴山
460

④
越上山
山名は「拝み山」「お神山」から転じ、雨乞
い信仰の山

鎌北

卍

埼玉県
毛呂山町

十二曲り ●

50分 ↑

岩場の急な下り ⚠

▲ 茶之岳山
450

エビガ坂 ○

片道15分
かなりの急登
山頂直下は足場も悪い

⚠

スカリ山
▲ 435

北向
地蔵

②
新田分岐
地蔵堂が目印。右折し
て山道に入る

木の根や岩が露出 ⚠

20分 ↑

ユガテ

40分 →

北向地蔵分岐

❋ サクラ、ツツジなど

③

②
新田分岐 ○
卍
新田

虎秀
● あずまや

権現堂

中野

ユガテ
シダレザクラなど春の花木が咲き乱れる

③

20分 ↗

❋ サクラ
ハナモモ

橋本山
▲ 321

中居

古道飛脚道

五常の滝

福徳寺 卍 ①

❋ シダレザクラ
ハナモモ

虎秀川

落合

299

卍
深沢

埼玉県
日高市

吾那神社

平戸

高麗川

飯能駅 →

東吾野駅 Ⓢ
文

①
福徳寺
阿弥陀堂は鎌倉時代の建築で、国の重要
文化財に指定されている

06 高山不動尊～関八州見晴台

関東三大不動に数えられる古刹を詣で
関八州を見渡す展望の頂へ。
山頂周辺はヤマツツジの群落も見事。

関八州見晴台への道は
両脇にツツジが咲き乱
れる

↓山の古刹の風格が漂う高山不動尊の不動堂

↓関八州見晴台からは関東平野を見渡せる

歩行タイム	約4時間30分	難易度	上級 ★★★
歩行距離	約10.0km	累積標高差	約1820m

登山道で
見守っています

ヤマツツジの見頃

4月下旬〜5月上旬

● コースポイント

0:00 西吾野駅	1:00 萩の平茶屋跡	2:15 関八州見晴台	3:20 大滝	4:30 西吾野駅
0:20 高山不動尊登山口	1:45 高山不動尊	3:00 白滝	3:30 大滝入口	

いってらっしゃい
よい山行を

梅の花を
かたどった看板

ピンクや
白のツツジも

白雉5（654）年に開山した高山不動尊は、千葉の成田不動尊、東京の高幡不動尊と並び、関東三大不動のひとつに数えられる古刹。かつては山伏の修験道場として栄えたという。高山不動尊の北側、飯能市と越生町の境に位置する頂上が関八州見晴台。高山不動尊の奥の院が立つ。関八州とは江戸時代の関東八カ国（武蔵・相模・上野・下野・上総・下総・安房・常陸）のこと。関東一円を見渡せる眺望のよさが山名の由来だ。

西吾野駅から、まずは高山不動尊をめざす。登山道に入ってからはうっそうとして見晴らしのあまりない雑木林の中を登っていく。イチョウの大木がある広場に着いたらひと息つこう。樹齢約800年、「子育てイチョウ」とも呼ばれ、埼玉県の天然記念物に指定されている。ここから100段以上の石の階段をゆっくりと上りきると、高山不動尊の不動堂にたどり着く。風格ある堂を拝観していこう。

（左）不動堂はじっくり拝観したい
（右）関八州見晴台から西側の山々を望む

高山不動尊からは車道歩きを交えつつ山道を登る。丸山周辺から関八州見晴台にかけてはヤマツツジが多く、5月上旬には鮮やかな朱色の花が一帯を彩る。関八州見晴台の山頂は、東から南、西側の眺めがよい。南側には都心のビル群や丹沢の山々、西側には奥武蔵の山々、さらには富士山まで眺められる。

山頂からは来た道を戻り、高山不動尊の分岐から高畑川沿いの登山道を下る。歩きづらいところもあるので慎重に。時間と脚力に余力があれば不動三滝に立ち寄ろう。林道に出たら川沿いの道を進み、西吾野駅へ向かう。

高山不動尊にそびえる樹齢約800年のイチョウ　　45

チェック！

不動三滝

高畑川とその支流にかかる白滝、不動滝、大滝を不動三滝と呼ぶ。2段になっている白滝。岩盤を流れ落ちる不動滝、落差25mの大滝、それぞれに個性的だ。いずれも滝に向かう登山道がやや歩きづらく、特に不動滝へは登りが続き、距離も長いので、体力に余力のある人向け。

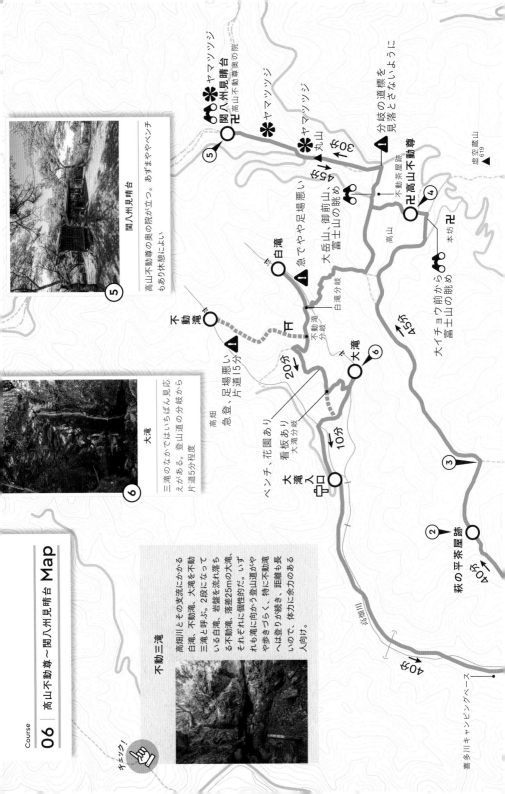

大滝

三滝のなかではいちばん見応えがある。登山道の分岐から片道5分程度

⑥

関八州見晴台

高山不動尊の奥の院が立つ。あずまやベンチもあり休憩によい

⑤

✿ ヤマツツジ

✱ 関八州見晴台
卍 高山不動尊奥の院

⑤

✱ ヤマツツジ

✿ ヤマツツジ
丸山
30分

大岳山、御前山、富士山の眺め

急でやや足場悪い

30分

✿ 白滝

⚠️ 急登、足場悪い、片道15分

白滝分岐

不動滝

不動滝分岐

⚠️

卍 高山不動尊
⚠️ 分岐の道標を見落とさないように

不動茶屋跡

④

虚空蔵山
619▲

本坊 卍

イイチョウ前から富士山の眺め

高山

45分

高畑

ベンチ、花園あり
看板あり

20分

大滝分岐

⚠️

大滝

⑥

10分

大滝入口

③

② 萩の平茶屋跡

40分

高畑川

40分

喜多川キャンピングベース

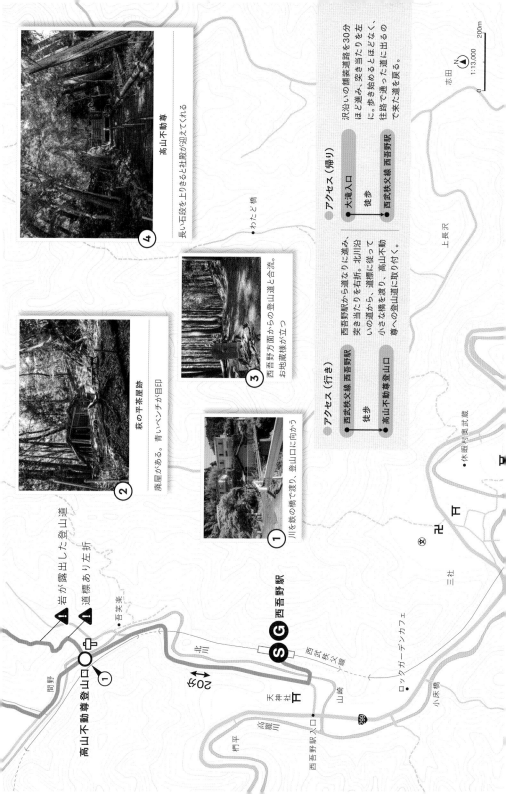

高山不動尊登山口

④ 高山不動尊
長い石段を上りきると社殿が迎えてくれる

② 萩の平茶屋跡
廃屋がある。青いベンチが目印

③ 西吾野方面からの登山道と合流。お地蔵様が立つ

① 川を鉄の橋で渡り、登山口に向かう

岩が露出した登山道
道標あり左折

アクセス（行き）

西武秩父線 西吾野駅 → 徒歩 → 高山不動尊登山口

西吾野駅から道なりに進み、突き当たりを右折。北川沿いの道から、道標に従って小さな橋を渡り、高山不動尊への登山道に取り付く。

アクセス（帰り）

大滝入口 → 徒歩 → 西武秩父線 西吾野駅

沢沿いの舗装道路を30分ほど進み、突き当たりを左に。歩き始めるとほどなく、住宅で通った道に出るので来た道を戻る。

1:13,000　200m

間野　吾笑楽　北川　20分　天神社　栢平　高麗川　西吾野駅入口　209　山崎　西吾野駅　西武秩父線　ロックガーデンカフェ　小床橋　三社　休暇村奥武蔵　上長沢　志田　わたど橋

07 | 竹寺〜子ノ権現

ヤマタイムで
ルートチェック！

心が洗われる清々しい竹林の寺から
大ワラジが出迎える足腰守護の寺へ。
霊峰二山を巡る山旅。

竹寺の美しい竹林。散策路が設けられている

↓茅の輪をくぐり、竹寺の本殿に向かう

←雄々しくもユーモラスな表情と姿の牛頭天王像

→すっと伸びる針葉樹の中を歩いていく

歩行タイム	約4時間5分	難易度	中級 ★★☆
歩行距離	約8.6km	累積標高差	約1608m

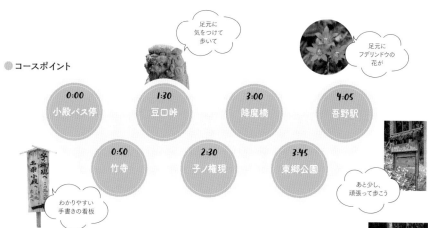

足元に
気をつけて
歩いて

足元に
フデリンドウの
花が

🟢 コースポイント

- **0:00** 小殿バス停
- **1:30** 豆口峠
- **3:00** 降魔橋
- **4:05** 吾野駅
- **0:50** 竹寺
- **2:30** 子ノ権現
- **3:45** 東郷公園

わかりやすい
手書きの看板

あと少し、
頑張って歩こう

美しい竹林と精進料理で知られる竹寺（八王寺）と、足腰守護で登山者に親しまれている子ノ権現。奥武蔵の山あいに立つふたつの古刹、霊峰二山をつないで歩いてみよう。

小殿バス停から針葉樹の林の中を進む。登り始めから急な斜面、岩が露出して切通しのようになっているところもある。子ノ権現方面との分岐を見送り、竹寺方面に進むと、竹寺の本殿、牛頭天王社が現われる。竹寺は1000年以上の歴史のある天台宗の寺院で、本尊は牛頭天王。境内の竹林は散策路が整備され、歩くうちに心が浄化されていくようだ。四季の花で彩られる庭園も美しく、ゆったりと過ごしたいところ。予約制の精進料理（P54）のほか、そばやうどんなどの軽食も味わえる。

竹寺からは、アップダウンを繰り返しながら、針葉樹が茂る尾根道を進んでいく。ところどころ滑りやすい下り道や急な登りがあり、気が抜けない。伊豆ヶ岳方面からの登山道に合流すると子ノ権現はもう間近だ。

子ノ権現天龍寺は子ノ聖を祀る創建1000年以上の古刹。足腰守護の神仏として登山者やスポーツ選手などの信仰を集めており、境内には巨大な鉄のワラジが目を引く。本堂でお参りを済ませたら、奥の院まで足を延ばしてみよう。スカイツリー眺望処からは都心のビル群や横浜ランドマークタワー、筑波山までが一望のもと。

子ノ権現を後にして、道標に従って山道を下り、降魔橋から舗装道路に出る。川沿いの道を進み、高麗川の手前で右折したら西武秩父線の線路沿いに進んで吾野駅へ。

登山口に置かれていた
「なぐりづえ」

竹寺の御朱印、
4月は桜バージョン

子ノ権現の奥の院から緑に覆われた本堂を望む

↓朱塗りの仁王像に見送られて子ノ権現を後にする

←子ノ権現奥の院付近、スカイツリー眺望処

→道沿いにシャガの花が咲き乱れていた

↓子ノ権現の本堂前にしつらえられた金色の大ワラジ

↓本堂に奉納されたワラジ

長い車道歩きの癒やしスポットへ

竹寺〜子ノ権現

下山地の降魔橋から吾野駅までは
1時間ほどの車道歩き。
歩き始めに元気をつけるもよし、
疲れた体にご褒美もまたよし。

食後に
味わいたい甘味！

具だくさんのぶっかけうどん

古民家で味わう
素朴なうどん

浅見茶屋

昭和7年創業の茶店。江戸末期に建てられた古民家は風情たっぷり。名物は昔ながらの手ごね足ふみで打つ自家製うどんで、竹の器に盛り付けられている。風味と甘みが絶妙な自家製の天草きな黒みつアイスも人気の一品だ。

飯能市坂石1050
☎042-978-0789

豊かな緑に囲まれた店構え

テーブル席でゆったり食事を

肉汁うどん（冷）でうどんの風味を満喫

チーズの風味が絶妙なレアチーズケーキ

わが家のようにくつろげる
ほっこりムードのカフェ

小さなテラスURARA

土・日曜に
立ち寄って
くださいね

子ノ権現から吾野駅に向かう道中に立つ、土・日曜のみ営業のカフェ。古民家を改装した店で、ゆったりとくつろぎながら食事や喫茶ができる。土曜は日替わり定食、日曜はカレーが美味。手作りケーキとともに味わいたい。

飯能市坂石631-1　☎042-978-0936

（左）シックな雰囲気の店内
（右）古民家を改築、風情たっぷり

④ 子ノ権現
足腰守護の仏様として知られ、登山者にも親しまれている

関東ふれあいの道

天目指峠

北側の眺めがよい 👀

伊豆ヶ岳分岐

子ノ権現 卍
④

奥の院

👀 スカイツリー眺望処あり

30分 →

関東ふれあいの道

降魔橋 ⑤

不動尊 卍

浅見茶屋

二本杉

⚠ 山道の急な下り

③ 豆口峠
「神送り場」の解説看板あり

1時間 ↑

関東ふれあいの道

北東方向の尾根道に
入らないように ⚠

急登 ⚠

豆口峠 ③

鐘楼 ②
本殿から急な山道を登って10分ほど。東京方面の眺めがよい

40分 ↑

鐘楼を経由しない巻き道あり

桜久保

① 竹寺
本殿の牛頭天王社には本尊の木造牛頭天王坐像と八王子が祀られている

西側の眺めがよい 👀

鐘楼 ②

卍竹寺（八王寺）
①

⚠ 急登が続く

⚠ 道標あり。「竹寺」方面に進む

50分 →

神出 なぐりづえあり

🚻 小殿バス停
S

小殿

中指

N
1:20,000
0 ────── 500m

吉田山
▲ 445

秩父御嶽神社 卍

西武秩父駅 →

梨本

瀬尾

東郷公園

小さなテラスURARA

諏訪神社

芳延 卍

西武秩父線

中尾

下長沢

道沿いに
シャガの群落 ✽

坂石

20分

奥武蔵美晴休憩所

奥武蔵小 ☆

吾野中 ☆

豊山荘

法光寺 卍

吾野湧水

45分

⑥

G 吾野駅

Enjoy Agano

西武池袋線

若松屋

南元組

⑤ 降魔橋

ここから舗装道路になる

⑥ 吾野湧水

吾野駅からすぐ、道標あり。冷た
い水に手を浸そう

大高山
493 ▲

チェック！

子ノ権現の
足腰健康守

子ノ権現天龍寺の寺務所
で求めることができる、
小さな手作りわらじのお
守り。わらじは「御足を
運ぶ」といわれ、善事を
運び届ける縁起物でもあ
る。大切な人の足腰の健
康や、山友達へ安全登山
を願って贈りたい。

大岩

● アクセス（行き）

● 西武池袋線 飯能駅

↓ 国際興業バス

● 小殿バス停

飯能駅北口、3番バス乗り場か
ら、名郷または名栗車庫、湯の
沢行きのバスに乗車し、約45分。
バス停から少し進むと登山口が
ある。

● アクセス（帰り）

● 降魔橋

↓ 徒歩

● 西武秩父線 吾野駅

降魔橋から舗装道路に出て、沢
沿いの道を進む。東郷公園の先
で右折し、高麗川の右岸の道を
進み、吾野駅に向かう。

目で楽しみ、心で味わう
自然の恵み、季節の彩りを感じる
竹寺の精進料理

季節のお料理を
楽しんで

竹林を望む部屋。室内にも竹が貫通している

大野亮弘住職の法話も楽しみのひとつ

　山岳信仰の道場として1000年余りの歴史をもつ竹寺。正式名称は「医王山薬寿院八王寺」という天台宗の寺院だ。境内に広がる美しい竹林で知られる竹寺のもうひとつの名物が精進料理。竹寺で精進料理の提供が始まったのは50〜60年ほど前。奥武蔵・秩父の入り口となる場所で、自然に触れ、体にやさしい料理を味わって、心身共にくつろいでほしいという思いから始められたという。

　精進料理のコースは品数により3種類。いずれも料理はできたものから順を追って供され、住職のお話に耳を傾けながら味わうことができる。料理の説明や季節の話題を、穏やかな語り口で伝えていただけるのが楽しみだ。

　旬の素材、山菜など山里の食材を生かした料理が、形もさまざまな竹の器で供される。竹には「竹気」と呼ばれる「気」があるとされており、竹寺な

らではの「竹を使ったおもてなし」がうれしいかぎり。それぞれの料理には季節ごとの花とともに、花や季節を題材にした俳句が添えられている。

　「お料理はもちろんですが、花や俳句を添えることで、季節を楽しんでいただきたいのです。竹寺の精進料理は、目で楽しみ、心で味わっていただくお料理です」と、住職の大野亮弘さんが穏やかな笑顔で話す。

　窓の外に広がる竹林を眺めながら、彩りもよく、体に染み渡るような味わいの料理をいただくと、心も体も浄化されていくのが感じられる。自然の恵みを体に取り入れ、豊かな気持ちになることができるのだ。

竹寺（医王山薬寿院八王寺）

飯能市南704　☎042-977-0108
※法話・精進料理コースは要予約

竹のカゴに
季節の花を添えて

精進料理15品コース。山菜のおひたし、あけびの皮の味噌和え、栗ごはんなど。彩りよく上品な盛り付けだ

↓食事前にゆっくりと竹林を散策していきたい

↓料理に季節の花と俳句が添えられている

↓建物の右側にはコウヤマキの大木がそびえる

08 | 日向山〜丸山

春の花木に彩られる日向山と
低山とは思えない絶景自慢の丸山。
山の魅力を味わいつくすロングコース。

日向山付近、サクラの
花越しに武甲山を望む

↓木道をのんびり散策できる農村公園

↓サクラやツツジ、花木が咲き乱れる登山道が楽しい

歩行タイム	約5時間	難易度	上級 ★★★
歩行距離	約10.9m	累積標高差	約1862m

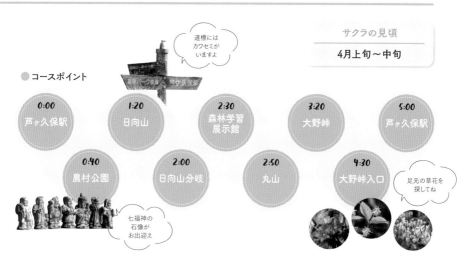

道標には
カワセミが
いますよ

サクラの見頃

4月上旬～中旬

● コースポイント

| 0:00 芦ヶ久保駅 | 1:20 日向山 | 2:30 森林学習展示館 | 3:20 大野峠 | 5:00 芦ヶ久保駅 |
| 0:40 農村公園 | 2:00 日向山分岐 | 2:50 丸山 | 4:30 大野峠入口 |

七福神の
石像が
お出迎え

足元の草花を
探してね

山頂一帯にサクラが植栽され、花と展望が楽しみな「花の低山」日向山。丸山は北関東の山々や八ヶ岳などの展望が広がる、奥武蔵有数の絶景の山。ふたつの山をつないで歩く。

芦ヶ久保駅から農村公園までは舗装道路歩き。農村公園からは何度か車道を横切り、日向山へ向かう。わかりにくい分岐には道標が付けられていてありがたい。日向山と丸山をつなぐ稜線に出たら、まずは日向山へ。最後に急斜面をひと登りで、木造の展望台が立つ山頂に到着する。目の前に武甲山や横瀬二子山が大きく眺められる。

いったん来た道を戻り、丸山へ。分岐から車道に出るまでの稜線は、サクラやドウダンツツジなどの花木が多く、南側を望めばサクラの花越しの武甲山がひときわ美しい。車道を進み、再び山道に入ると、杉とヒノキの薄暗い森に。緩やかに登っていくと、かわいらしい建物が点在する県民の森へとたど

り着く。大きなあずまやで休憩もできる。

ここからなだらかな尾根歩きを経て、最後に丸太の階段を上れば丸山の山頂。展望台に登ってみよう。北側には浅間山や赤城山、日光連山、西側には両神山や八ヶ岳、奥多摩の山々が見渡せる。もちろん秩父の名山、武甲山の姿も大きい。山名が書かれた写真パネルで確認してみよう。

丸山からは稜線沿いの登山道を大野峠へ向かい、赤谷の集落をめざす。大野峠の手前にはパラグライダー滑空場があり、ここからの眺めもよい。大野峠からは下り始めが急なので足元に充分気をつけよう。

八坂神社の社殿は
よく見ると船を
かたどっている

頂上に立てばすばらしい
景色が広がる丸山展望台

↑森の妖精のすみかのような県民の森、森林学習展示館

↑パラグライダー滑空場は北東方面の眺めがよい

丸山山頂の展望台から
西側の眺め。武甲山が
ひときわ目立ち、右手
には両神山の姿も

↓山々に囲まれた集落を眼下に望む。登山道もまもなく終わり

↓春の初めは新緑とヤマザクラが山肌を彩る

食事も休憩も芦ヶ久保駅からすぐ

日向山〜丸山

芦ヶ久保観光の拠点となるのが、
道の駅果樹公園あしがくぼ。
駅に隣接し、下山後の一服に
便利なロケーションだ。

秩父のおいしいものや
新鮮野菜、特産品が豊富にそろう

> ソフトクリームも
> おすすめ！

道の駅
果樹公園あしがくぼ

国道299号沿い、西武秩父線芦ヶ久保駅に隣接
する道の駅。農産物直売所では地元産の旬の野
菜や果物のほか、しゃくし菜漬けやたらし焼き
など、秩父ならではのお土産も豊富。豚みそ丼
やみそポテトなど秩父の郷土料理が味わえる食
堂のほか、秩父名物ずりあげうどんの店もある。
食後には水辺のカフェで地元産のフルーツや紅
茶を使ったソフトクリームもおすすめ。

横瀬町大字芦ヶ久保1915-6　☎0494-21-0299

芦ヶ久保駅から階段を下りるとすぐ道の駅へ

秩父の特産品をお土産に

食堂や売店の種類も多い

ずりあげうどんはぜひ味わいたい

店の奥にはテントの更衣室がある

電車の待ち時間にゆっくり
着替えもできる快適空間

あしがくぼ
Station Base

> 改札口まで
> 徒歩1分！

電車待ちの時間を過ごすのにぴったり、芦ヶ久
保駅の改札の目の前に立つ無料休憩スペース。
中はウッディでくつろげる雰囲気。着替えがで
きるテントもある。Wi-Fi完備で、電源利用もで
きるのがありがたい。

横瀬町大字芦ヶ久保1908-1　☎0494-24-0898

曽沢

サクラ、ツツジ

サクラ、ツツジ

武甲山や
横瀬二子山の眺め ③ 日向山

633

急登

日向山分岐

30分

40分

40分

高原パーク横瀬

琴平神社

琴平神社下

日向山

前方に日向山
背後に武甲山
②

八坂神社

倉掛

② 日向山へ向かう道中、振り返ると武甲山が
大きい

農村公園

生野谷

あしがくぼ果樹公園村

農村公園入口

森下

40分

あずまや
①

芦ヶ久保大観音

白髪神社

大畑

中道

茂林寺

殿谷戸

川地

大畑

横瀬川

299

30分

花の木橋

S G

西武秩父線

芦ヶ久保駅

あしがくぼの氷柱

道の駅
果樹公園あしがくぼ

西武秩父駅

あしがくぼStation Base

① あずまやあり。春はサクラのお花見をしな
がら休憩を

N
1:15,000
0　　200m

④ 出会いのテラス

道がやや広くなり、ベンチが設けられている

⑥ 大野峠

ここからは舗装道路歩きで芦ヶ久保駅へ

森林学習展示館

県民の森分岐

県民の森

20分

出会いのテラス
④

県民の森駐車場 P

❀ カタクリ

丸山展望台 ▲ 960

⑤

奥武蔵グリーンライン

東、北、西側の眺め
丸山

30分

白石峠分岐

埼玉県
ときがわ町

北～東側の眺め

パラグライダー滑空場

大野峠
⑥

⑤ 丸山

山頂展望台から北方面を望めば、日光連山や、赤城山、榛名山など群馬の山々が見渡せる

上ノ山

旧道分岐

⚠ 岩が露出した下り道

1時間10分

大野峠入口

赤谷

姥神

横瀬川

299

眼下に赤谷の集落が広がる

あしがくぼ渓谷国際釣場

🔵 アクセス（行き）

● 西武秩父線 芦ヶ久保駅

徒歩

● 農村公園

芦ヶ久保駅から国道299号を少し進み、道標に従って「農村公園」「日向山」方面へ。シダレザクラとあずまやのある広場を過ぎるとほどなく農村公園に。公園の奥から登山道に入る。

🔵 アクセス（帰り）

● 大野峠入口

徒歩

● 西武秩父線 芦ヶ久保駅

登山道から集落に出て少し下ると国道299号に突き当たるので右折。道の駅果樹公園あしがくぼまで進み、階段を上って芦ヶ久保駅へ向かう。

秩父の自然と気候の恵み、冬の風物詩

秩父三大氷柱

西武秩父線の
車窓からも
見える！

あしがくぼの氷柱 | 1月上旬〜2月下旬

氷柱がライトに照らされて幻想的なムードを醸し出す

散策路から氷柱を間近に眺められる

横瀬二子山の麓の斜面に造り出される、高さ30m、幅200mにもわたる氷柱の壁。円形劇場のようにぐるりと氷の壁に囲まれており、壮観だ。駅から近く、電車から眺めることもできる。期間中、週末の夜はライトアップが行なわれる。

西武秩父線芦ヶ久保駅から徒歩10分
横瀬町芦ヶ久保
☎0494-25-0450（横瀬町ブコーさん観光案内所）

※氷柱の見られる時期や結氷状況は毎年の気候により異なります。現地のサイトなどで確認のうえ、お出かけください。

三十槌の氷柱 みそつち

1月中旬〜2月中旬

河原に映り込んで幻想的

荒 川の源流、岩肌に染み出る岩清水が結氷。青白く凍った氷柱が高さ8m、幅30mにわたり、ヴェールのように垂れ下がるのを河原から間近に眺められる。期間中はライトアップも開催。

岩肌から垂れ下がる氷柱は迫力満点

秩父鉄道三峰口駅から西武観光バス、三十槌バス停下車、バス停からすぐ

秩父市大滝三十槌　☎0494-55-0707（秩父観光協会大滝支部）

尾ノ内氷柱 おのうち

1月上旬〜2月下旬

橋の上から氷柱を眺められる

両 神山に源を発する尾ノ内渓谷。渓谷沿いの岩肌を覆う氷柱を、吊橋の上から、あるいは吊橋越しに眺められる。見頃の時期の週末には、マイクロ水力発電によるエコライトアップを実施。

環境問題に配慮したライトアップも見どころ

西武秩父駅から小鹿野町営バス、小鹿野町役場バス停で西武観光バスに乗り換え尾ノ内渓谷入口バス停下車、徒歩20分

小鹿野町河原沢996-1　☎0494-75-5060（小鹿野町観光協会）

秩父人の精神と生活を支えた

母なる山、武甲山

（上）1950年ごろの武甲山／写真：清水武甲　（下）2018年の武甲山／写真：PIXTA

日本二百名山のひとつに数えられ、秩父盆地の南東に位置する武甲山は、このエリア唯一の独立峰である。ピラミダルで威風堂々とした山容は、古くから秩父地域の人々の信仰を集めてきた。しかし現在、武甲山は白い岩肌を露出し、階段状に掘削されている。これは大正時代から始まった石灰岩の採掘のためだ。もともと1336mあった標高も、1980年ごろに山頂付近が掘削されたことで、1304mとなってしまった。

秩父地方は、江戸時代に絹織物業が発展し人々の生活も豊かだったが、洋服が普及すると需要が激減。そこで新たな産業としてセメントの原料となる石灰岩が、注目を集めた。首都である東京に近い秩父のセメントは、関東大震災や戦後の復興需要、高度経済成長などを支える重要な資源となったのである。それと同時に、地場産業として秩父の経済を潤してきた。

武甲山の石灰岩の推定埋蔵量は、3億〜4億トンともいわれており、すべてを取り尽くすなら採掘は今後も50年以上続く見通しだ。日本のため、秩父のために身を削って恩恵を与え続けている武甲山。その山容は変わってしまっても、秩父人の心のよりどころ、かけがえのない母なる山であることに変わりはない。

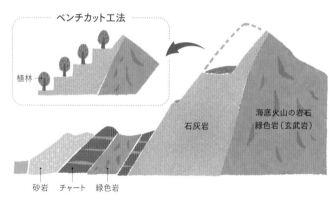

ベンチカット工法

植林

石灰岩

海底火山の岩石
緑色岩（玄武岩）

砂岩　チャート　緑色岩

武甲山は、北側斜面だけに石灰岩があり、南側斜面には緑色岩（玄武岩）が分布している。採掘は山頂から階段状に削るベンチカット工法で行なわれた。採掘跡の切り立った岩壁には、緑を取り戻すために、フサザクラ、ヤナギなどが植えられている。

イラスト資料協力：秩父市

チェック！

武甲山のことがまるごとわかる

武甲山資料館

横瀬町のゆるキャラ、ブコーさんだよ！

シバザクラで有名な羊山公園内にあり、武甲山の全貌を伝えるために作られた施設。展示室中央には武甲山のジオラマが設置され、武甲山の変わりゆく姿、石灰岩地に自生する動植物、石灰石の用途などが学べる。「登山道の案内」などの映像もあるのでハイキング前に訪れたい。

秩父市大宮6176　☎0494-24-7555

秩父おもしろミュージアム 大集合

珍スポ好きには、本当におすすめ！

リチャード・ギアが気に入った観音像

骨董掘り出し長屋は、関東一の規模を誇る即売場

秩父地方の農家の資料を展示した民俗資料館

併設の骨董掘り出し長屋は
関東随一の規模を誇る
珍品が勢ぞろい

秩父美術館

秩父にゆかりのある画家たちの作品を展示した「本館」のほか、貴重な仏具が見られる「佛教資料館」、昔の農具などがある「民俗資料館」を併設。敷地内にある「骨董長屋」は、関東一の規模をもつ骨董品の即売場で、珍品・逸品をリーズナブルな価格で購入可能。

秩父市永田町7-1
☎ 0494-23-1177

あなたに似ている石も
きっとある！
世界中からマニアが集う
人面石博物館

どの石にも名前がついているよ！

秩父珍石館

国内外から集めた珍石、奇石、人面石が陳列され、人面石だけでも700点以上を展示。初代館長が石を集めだしたきっかけは、人から譲り受けた人面石が夢に現われ、「仲間を探してほしい」と告げたことだったという。現在は、欧州をはじめ世界中から珍石マニアが訪れるスポットになっている。

秩父市上影森764-6 ☎ 0494-24-7288

ズラリと並んだ人面石は、見ているだけでも圧巻

　（左）夢のお告げをくれた人面石　（右）外観は民家のよう

館長の逸見雄一さんは、寝る間も惜しんで50年間、模型を作り続けている

哀愁のふるさと館

1軒に7年間費やすことも！
古民家を信じられないほど
リアルに再現

とことんまでリアリズムを
追求した日本家屋の模型を
展示する資料館。模型は、
石垣から台所用品、仏壇、
囲炉裏まで精巧に再現。軒
下のクモの巣は、実際に捕
まえたクモに巣を張らせて
いる。作品のなかには、1日
20時間作り続けて7年もか
かったものもあるという。

秩父市黒谷122-4
☎0494-24-0376

家の中の機織り機は、本当に布が織れる

朽ちた床まで再現されているのに目を見張る

たい平美術館

「笑点」でおなじみの
林家たい平さんの
アート作品や
笑点オリジナルグッズを展示

秩父生まれの落語家、林家
たい平さんのイラストや
「笑点」で使われた小道具
などを展示。どこか懐かし
さを感じさせるたい平さん
の作品は、見ているうちに
ほのぼのとしてくる。営業
は金・土・日曜の11時〜17時
まで。完全予約制ではない
が、事前に電話がおすすめ。

秩父市東町26-14
☎070-2220-8848（電話予約
は木〜日曜の11時〜16時のみ）

秩父に遊びに
来てください！

美術館の1階には、駄菓子屋を併設。レトロなお菓子が並ぶ

たい平さんのオリジナルグッズも販売

美術館は、たい平さんの実家を改造した

宝登山ロープウェイ。レトロなゴンドラで5分間の空中散歩（P78）

秩父鉄道沿線の山歩き

荒川に沿って延びる秩父鉄道。
秩父神社の門前町として栄えた
秩父市街を中心に、
東側はのどかな里山の雰囲気が残り、
西は奥秩父の深い山懐へと続く。
静かな山を歩けば、
ゆったりとした時間の流れを感じられる。

秩父鉄道沿線の山歩き インデックスマップ

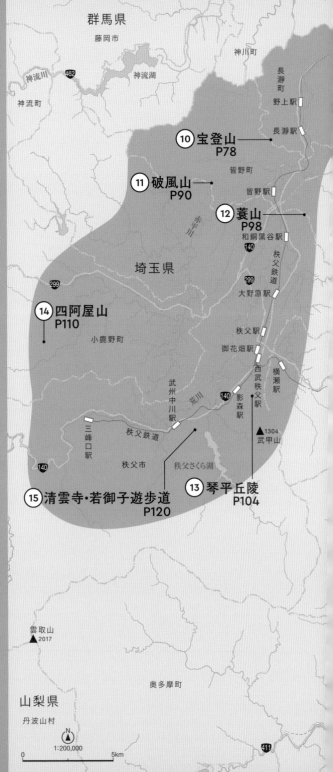

群馬県

藤岡市

神流川

神流湖

神川町

長瀞町

野上駅

10 宝登山
P78

長瀞駅

皆野町

11 破風山
P90

皆野駅

12 蓑山
P98

和銅黒谷駅

赤平川

埼玉県

秩父鉄道

大野原駅

14 四阿屋山
P110

小鹿野町

秩父駅

御花畑駅

西武秩父駅

横瀬駅

武州中川駅

荒川

秩父鉄道

影森駅

▲1304
武甲山

三峰口駅

秩父市

秩父さくら湖

15 清雲寺・若御子遊歩道
P120

13 琴平丘陵
P104

▲雲取山
2017

奥多摩町

山梨県

丹波山村

N
1:200,000
0　　　　5km

美里町
深谷市
熊谷駅
125
17
秩父鉄道
上越新幹線
254
140
140
武川駅
高崎線
寄居駅
花園IC
熊谷市
407
荒川
17
有料道路
皆野寄居
140
140
埼玉県
寄居町
東武東上線
高麗線
09 鐘撞堂山
P72
254
嵐山小川IC
滑川町
407
吉見町
小川町
東武東上線
東松山駅
東秩父村
小川町駅
254
254
254
嵐山町
東松山IC
八高線
東松山市
前後川
川島町
ときがわ町
鳩山町
関越自動車道
東武東上線
越辺川
越生町
坂戸市
横瀬町
越生駅
坂戸西
スマートIC
高麗川
坂戸駅
圏央道
正丸トンネル
西武秩父線
毛呂駅
東武越生線
鶴ヶ島IC
468
正丸駅
毛呂山町
鶴ヶ島市
鶴ヶ島JCT
407
圏央鶴ヶ島IC
川越線
川越市
299
日高市
圏央道
吾野駅
東吾野駅
高麗川駅
入間川
西武池袋線
高麗駅
狭山日高IC
西武新宿線
名栗湖
飯能市
299
16
狭山市駅
狭山市
東飯能駅
463
青梅線
飯能駅
299
入市駅
多摩川
411
東京都
青梅市
青梅IC
八高線
入間IC
入間市
463
西武池袋線
青梅市
青梅IC
入間市
所沢市

09 | 鐘撞堂山
かね つき どう

ヤマタイムで
ルートチェック！

戦国時代には見張り場の役割を担った
関東平野を一望にする展望の頂。
羅漢様に見守られる里山への道も楽しみ。

鐘撞堂山山頂から東側
の眺め。空気の澄んだ
日は都心のビル群、ス
カイツリーも見渡せる

↓道沿いに秋の花が彩りを添えていた

↓鐘撞堂山の山頂。あずまやと展望台が立つ

歩行タイム	約2時間40分	難易度	中級 ★★☆
歩行距離	約7.2km	累積標高差	約710m

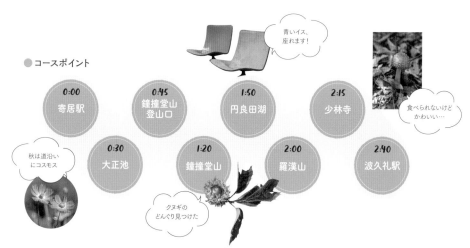

青いイス、座れます！

食べられないけどかわいい…

● コースポイント

0:00 寄居駅	0:45 鐘撞堂山登山口	1:50 円良田湖	2:15 少林寺

0:30 大正池	1:20 鐘撞堂山	2:00 羅漢山	2:40 波久礼駅

秋は道沿いにコスモス

クヌギのどんぐり見つけた

関東平野を望む眺望がすばらしい、秩父屈指の展望の山・鐘撞堂山。戦国時代は山麓に築かれた鉢形城の見張り場となっていて、異変があれば頂上の鐘撞堂で鐘をついて知らせたという史実が、山名の由来となっている。

寄居駅から鐘撞堂山登山口まではのどかな里山歩き。灌漑池の大正池を過ぎ、薄暗い森の中に入っていく。緩やかで歩きやすい山道をたどり、鐘撞堂山の山頂をめざす。円良田湖方面との合流点に出たら、丸太の急な階段をひと上りで鐘撞堂山の山頂に到着。

灌漑池の大正池。ほとりのあずまやで休憩できる

東〜南の展望がすばらしく、天気に恵まれれば関東平野が一望のもと。島のようにそびえる筑波山もわかりやすい。西〜北方向を望めば、手前の陣見山の右手に群馬の山々が眺められる。

鐘撞堂山で景色を満喫したら来た道を戻り、円良田湖方面に下る。下り始めてすぐに舗装路になり、樹林の中を気持ちよく歩いていく。円良田湖は春は湖畔のサクラ、秋は周辺の紅葉が美しい。円良田湖からは道標に従い、少林寺方面へ進む。丸太の階段を交えた登りで、羅漢山の山頂へ。山名の表示はなく、頂上に釈迦三尊が立っている。

羅漢山の山頂には釈迦三尊が立つ

羅漢山から少林寺への下り道は二手に分かれ、右に進めば五百羅漢、左に進めば千体荒神の道となる。表情豊かな羅漢様に見守られながら山道を下るもよし、道沿いに並ぶ荒神石碑に圧倒されながら竹林の道を下るもよし。少林寺でお参りを済ませたら、ゴールの波久礼駅へ。

鐘撞堂山山頂の鐘

↑鐘撞堂山の山頂へ、階段を上っていく

↑山頂の鐘はよく響く

道沿いに並ぶ羅漢様に
見守られているような
五百羅漢の道

↓青々とした水をたたえた円良田湖はヘラブナ釣りの名所

↓道沿いにずらりと並ぶ千体荒神の石碑

波久礼駅前で下山メシ

鐘撞堂山

ゴールの波久礼駅周辺には
こだわり食材、あたたかいおもてなしの
下山メシスポットあり。
おなかを満たして帰ろう。

上質な肉と
地元素材を生かした
味わい深い豚丼

焼肉たてがみ

手描きの看板が目を引く焼
肉店。夜は炭火で味わう焼
肉、ランチは豚丼が名物。
上州豚の上ロース肉を秩父
の味噌や赤ワインを使った
特製味噌だれに漬けた肉を
炭火で焼いており、まろや
かな味わい。ご飯との相性
も抜群だ。

寄居町末野107-1
☎048-580-0797

黒板に手書きのメニュー

目を引く国道沿いの建物

看板は
女将さんの
手描き！

豚丼ランチセット、キャベツと味噌汁付き

小麦の風味がダイレクトに伝わる肉汁うどん

埼玉県産の地粉にこだわる
風味と食感のよい手打ちうどん

手打ちうどんとき

アツアツ、
サクサク！

波久礼駅の駅前に立つうどん店。埼玉県産の地
粉と地元のおいしい水で打った手打ちうどんは、
もっちりとした食感とコシ、良質な小麦ならで
はの風味のよさが特徴。揚げたてアツアツの季
節の天ぷらとともに味わいたい。

寄居町末野79　☎080-8733-4438

（左）黒と白を基調に、古民家を思わせる店構え
（右）店内は木目を生かした素朴なしつらえ

チェック！

鉢形城跡

戦国時代の代表的な城郭のひとつ。文明8（1476）年に長尾景春により築城され、その後北条氏邦により整備された城は、現在は鉢形城公園として整備され、当時の城の様子を知ることができる。

寄居町大字鉢形

妙楽寺卍

円良田

埼玉県
美里町

円良田特産センター

筑坂峠

⑤
少林寺

五百羅漢と千体荒神の道の麓に立つ。梅雨時はアジサイも見どころ

④
羅漢山

山頂から五百羅漢の道と千体荒神の道に分岐

長瀞駅

円良田湖

⑥
西行戻り橋

平安時代の歌人・西行法師が歌の修行の途中に立ち寄ったという伝説がある

140

円良田ダム

サクラ
✳ 円良田湖

30分

少林寺分岐

手打ちうどんとき

G **波久礼駅**

焼肉たてがみ

亀の井ホテル 長瀞寄居

10分

④
羅漢山

五百羅漢 千体荒神

⚠ 道標なし
大通りを横切り
細い道へ

15分

少林寺
アジサイ ✳ 卍

⑤

金尾

寄居橋

波久礼

25分

西行戻り橋

⑥

末野

末野神社

宿

夫婦滝

高柿新橋

関根

原

馬頭観音

秩父鉄道

●**アクセス（行き）**

● 秩父鉄道 寄居駅

徒歩

● 鐘撞堂山登山口

寄居駅北口から寄居町役場を左に見ながら進み、大正池を経由して鐘撞堂山登山口をめざす。分岐には道標が立てられていてわかりやすい。大正池の先から未舗装の林道を進み、5分ほどで青いイスのある登山口へ。

●**アクセス（帰り）**

● 少林寺

徒歩

● 秩父鉄道 波久礼駅

少林寺から南へ舗装道路を下り、すぐに右折して県道に進む。円良田湖へ向かう道と分かれて川沿いの細い路地を進み、西行戻り橋の先で秩父鉄道を渡り、右折して波久礼駅をめざす。

寄居折原IC

③ 鐘撞堂山

北側には榛名山や浅間山など群馬の山々が見渡せる

② スカイツリー展望ポイント。竹でできた方向指示器がユニーク

① 鐘撞堂山登山口

ゲートと青いイスが目印。道標に従って右の登山道へ進む

ほたるの里公園●

鐘撞堂山
330 ▲
③
・大正池分岐

② スカイツリー眺望
35分

高根山分岐
・竹林

馬騎ノ内

⚠ 滑りやすい下り
▲ 高根山
284

卍 鐘撞堂山登山口
①

上組

15分 ←

大正池 あずまや
・
大正池
🚻

大正池分岐
深田谷津
桜沢
八幡山

山崎

30分 ←
⚠ 道標あり
「大正池」方面へ

卍 天正寺
李沢
菅原
公会堂

天沼陸橋入口交差点
本村

本宿

ホテル●
140
体育館●

寄居町役場
🚻 Ⓢ

藤田
六供
卍

八高線

卍

寄居駅
寄居

東武東上線
玉淀駅

👁 前方に鐘撞堂山方面の眺め

卍
卍

↓鉢形城跡

N
1:16,000
0   200m

10 宝登山

ヤマタイムで
ルートチェック！

山頂一帯は梅やロウバイが満開。
黄金色に輝く樹林の向こうに
奥武蔵の山々を望む、早春のお花見山。

宝登山山頂、ロウバイの花越しに武甲山を望む

↓宝登山神社奥宮の絵馬

←冬は陽光を浴びて尾根歩きが心地よい

→透き通るような黄金色のロウバイは香りもよい

歩行タイム	約2時間35分	難易度	中級 ★★☆
歩行距離	約6.3km（ロープウェイを含めない）	累積標高差	約1344m（ロープウェイを含めない）

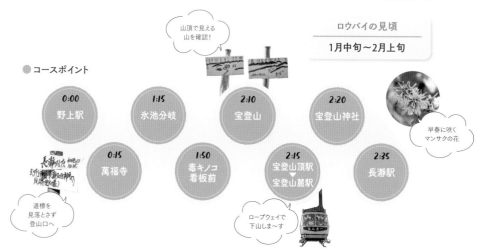

ロウバイの見頃
1月中旬～2月上旬

早春に咲くマンサクの花

●コースポイント

- 0:00 野上駅
- 0:15 萬福寺
- 1:15 氷池分岐
- 1:50 毒キノコ看板前
- 2:10 宝登山
- 2:15 宝登山頂駅▼宝登山麓駅
- 2:20 宝登山神社
- 2:35 長瀞駅

山頂で見える山を確認!

道標を見落とさず登山口へ

ロープウェイで下山しま～す

（左）山頂の看板前は多くの人でにぎわう
（右）紅白の梅が山の斜面を埋める梅百花園

　山で梅のお花見が楽しめる宝登山。山頂直下までロープウェイでアクセスすることができ、山頂一帯には約3000本のロウバイが植栽されたろうばい園、170品種470本の梅が楽しめる梅百花園が広がっている。ロウバイの見頃は1月中旬～2月上旬、梅の見頃は2月上旬～3月下旬。

　野上駅から尾根道を歩いて宝登山に向かう登山道は「長瀞アルプス」と呼ばれ、心地よい里山歩きが楽しめる。野上駅から集落の中を進み、登山口へ。歩き始めは沢沿いで、少し急斜面を登って尾根道に出る。木々が葉を落としている冬は、ぽかぽかと陽光が降り注ぎ、低く連なる周りの山々も眺められて気持ちがよい。小さなアップダウンを繰り返しながら、宝登山に向かう。

　氷池への分岐を見送り、小鳥峠の小さな看板を過ぎるとほどなく車道に出る。車道をしばらく進むと宝登山への最後の登り道へ。丸

太の階段を交えた急な登り。距離も長いので、ゆっくりと進もう。

　丸太の階段を上りきると宝登山の山頂に到着。咲き匂うロウバイの林の向こうには、武甲山をはじめとする奥武蔵の山々が連なっている。山頂の南側には宝登山神社の奥宮が立つのでお参りをしていこう。山頂からはろうばい園の中を進んで宝登山ロープウェイの山頂駅へ。駅周辺には梅百花園が広がっている。昭和レトロなロープウェイで山麓駅に下り、宝登山神社でお参りをしたら、ゴールの長瀞駅をめざす。

宝登山神社奥宮の売店で発見!

• 長瀞高原ビレッジ跡

犬塚

長瀞ゴルフクラブ入口

犬塚橋

2 環境整備協力金のポストがある

② → 2

長瀞アルプス

1時間

左の道は
行き止まり ⚠

3 木々が葉を落としている冬は前方の山も見渡せる

342
天狗山 ▲

氷池分岐〜氷池
片道15分
道が不明瞭な
箇所あり ⚠

4 毒キノコ看板前

ここから階段の急登。気合いを入れ直そう

氷池分岐 ○

③ 3

氷池

野上峠

5 宝登山神社奥宮

杉やヒノキの樹林に囲まれている

小鳥峠 •

35分 ←

奈良沢峠 •

毒キノコ看板前 ○

④ 4

奥宮参道

丸太の階段を
交えた ⚠
急登が続く

小動物公園 •

20分

西側の眺め

▲ ⑤ 5

6 ろうばい園

散策路が設けられ、ロウバイを間近に楽しめる

497
宝登山

西ろうばい園 ✳

5分

⑥ 6

宝登山神社奥宮 ⛩
• レストハウス

✳ 東ろうばい園

宝登山ロープウェイ

梅百花園 ✳

宝登山頂駅

N
1:15,000
0   200m

萬福寺

↑長瀞駅

竹の内

和田
落合眼科

長瀞町役場

袋

総持寺

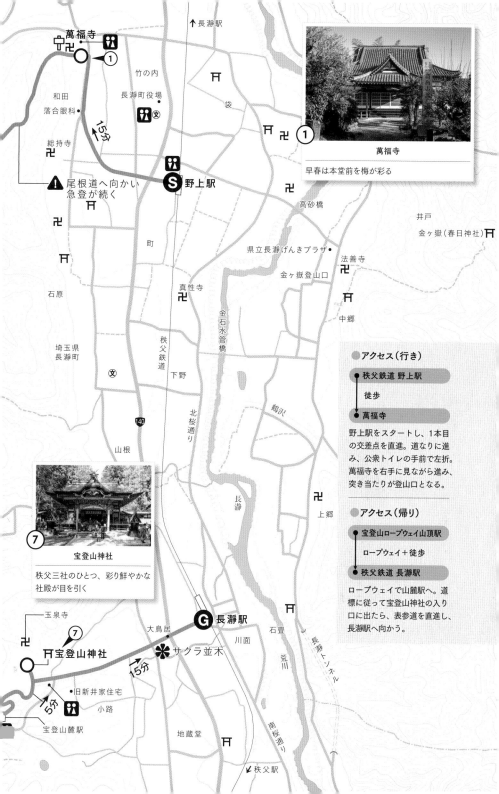

①
萬福寺
早春は本堂前を梅が彩る

⚠ 尾根道へ向かい
急登が続く

15分

S 野上駅

町

真性寺

石原

県立長瀞げんきプラザ

金ヶ嶽登山口

高砂橋

井戸
金ヶ嶽（春日神社）

法善寺

中郷

埼玉県
長瀞町

秩父鉄道

下野

金石水管橋

北桜通り

山根

140

宝登山神社
秩父三社のひとつ、彩り鮮やかな
社殿が目を引く

鶴沢

長瀞

上郷

玉泉寺

⑦
宝登山神社

旧新井家住宅

G 長瀞駅

5分

宝登山麓駅

小路

大鳥居

❋ サクラ並木

15分

川面

地蔵堂

石畳

南桜通り

荒川

長瀞トンネル

↙秩父駅

アクセス（行き）

秩父鉄道 野上駅

徒歩

萬福寺

野上駅をスタートし、1本目
の交差点を直進。道なりに進
み、公衆トイレの手前で左折。
萬福寺を右手に見ながら進み、
突き当たりが登山口となる。

アクセス（帰り）

宝登山ロープウェイ山頂駅

ロープウェイ＋徒歩

秩父鉄道 長瀞駅

ロープウェイで山麓駅へ。道
標に従って宝登山神社の入り
口に出たら、表参道を直進し、
長瀞駅へ向かう。

長瀞駅～上長瀞駅周辺の おすすめ喫茶&食事処&土産

長瀞は秩父を代表する一大観光地。
蕎麦に丼にスイーツも、人気グルメを味わおう！

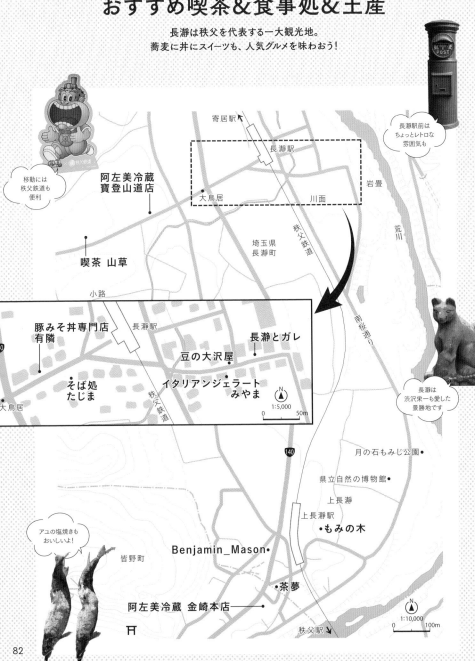

移動には
秩父鉄道も
便利

長瀞駅前は
ちょっとレトロな
雰囲気も

寄居駅

長瀞駅

岩畳

阿左美冷蔵
寶登山道店

大鳥居

川面

荒川

埼玉県
長瀞町

秩父鉄道

喫茶 山草

小路

豚みそ丼専門店
有隣

長瀞駅

長瀞とガレ

南桜通り

豆の大沢屋

そば処
たじま

イタリアンジェラート
みやま

秩父鉄道

大鳥居

N
1:5,000
50m

長瀞は
渋沢栄一も愛した
景勝地です

140

月の石もみじ公園

県立自然の博物館

上長瀞

上長瀞駅

もみの木

アユの塩焼きも
おいしいよ！

皆野町

Benjamin_Mason

茶夢

阿左美冷蔵 金崎本店

N
1:10,000
100m

秩父駅

日当たりのいいテラス席も実は手作り

→桑の実シロップは
素朴な甘酸っぱさ

"手作り"を
掲げる看板が
目印

シロップが主役の
絶品かき氷

喫茶 山草

かき氷の手作りシロップが
素材の味わいをダイレクト
に楽しめる絶品ぞろい。い
ちじく、木なり完熟梅、桑
の実、いちご、柚子の定番5
種類に、秋には梨といった
期間限定シロップも。かき
氷の提供は3月末〜11月中
旬まで。夜はバーとして20
時ごろまで明かりが灯る。

長瀞町長瀞718-2
☎ 0494-66-0583

静かな喫茶で
ひと息つこう

素材本来の味が広がる
フレッシュな口溶け

イタリアンジェラート みやま

店内に入ると、まず自家製ワッフルコーンのバ
ターの香りに頬がゆるむ。そしてショーケース
には鮮やかなジェラートの数々。ここは迷わず
トリプルをオーダー。味はどれもフレッシュで
素材そのものを食べているよう。コーンの食感
をアクセントに口角は最後まで上がりっぱなし。

長瀞町長瀞456 ☎ 0494-66-3318

店内には
かわいらしい
押し花アートも

ジェラートは常時、約20種類をラインナップ

トリプルはコーンのお皿で食べ比べ

豚みそ丼

特製の豚みそは強火でこんがりと

テラス席はペット同伴もOK

秩父といったら
豚みそ丼!

芳醇&
しっとり食感がクセになる

豚みそ丼専門店
有隣

国産豚ロースを自家製の味噌ダレに漬けること4〜5日。中まで味の染みた「豚みそ」はしっとりやわらかく、芳醇な味噌の香りが鼻腔をとろかす。そこに輪郭を加えるのが炭火の力強い香ばしさ。甘いタレをかけた白米とのマリアージュにかき込む箸が止まらない。

長瀞町長瀞532-5
☎0494-26-7299

豚みそ丼(並)。香り高い豚ロースが3枚ものる

そば

てんこ盛りの天ぷらは
やさしさの表れ

そば処 たじま

看板の「天ざるそば」は、主役のそばが隣で霞むほど天ぷらの盛りがいいことで有名だ。品数は最低でも20以上。地元農家から直接仕入れる野菜を中心に、大ぶりのエビも忘れない。毎日が真剣勝負という手打ちそばは食べやすいコシで、するりと喉に流れていく。

長瀞町長瀞803-3
☎0494-66-0020

天ぷらは、ショウガ、ミョウガ、パプリカなど変わり種も

手作りのジオラマもひそかな名物

テーブルを中心に窓際には座席も完備

84

ガレットやドリンクも
販売中！

モチッ・ジュワ食感の
新名物

長瀞とガレ

一押しは、ガレット生地で
豚みそソーセージを巻いた
「みそ豚のガレドッグ」。地
元産の小麦粉から作られる
生地は想像以上のモチモチ
食感。ソーセージは歯を立
てると豚みそ漬けの風味と
ともに肉汁がジュワっと溢
れ出す。そこにチーズのコ
クも加わり、人気に納得！

長瀞町長瀞447
☎0494-66-0637

写真はスモールサイズ。ひと回り大きいレギュラーもある

レギュラーは粗挽きソーセージを使用

清潔感ある白塗りの壁がお洒落な印象

芯まで染み込む
上品な甘み

豆の大沢屋

ぜひ自家製の甘納豆を味見
してもらいたい。ひと口で
透明感のある上品な甘みに
驚くはずだ。この味は新鮮
な豆を糖度の異なる煮汁に
一日おきに浸し、丸3日か
けて中まで甘味を染み込ま
せる手間の賜物。添加物を
使わず、一粒一粒から職人
の丁寧な仕事が垣間見える。

長瀞町長瀞454-2
☎0494-66-1863

甘納豆は
店の奥で
仕込んでます

名物の甘納豆は、花豆ときな粉を和えたそら豆の2種類

軒先の屋台で試食も可能

調理前の新鮮な豆も購入できる

くるみダレが太めのそばによくからむ

野菜天ぷらはひとつひとつがとても大きい

喉ごしとコシの
絶妙なバランス

店前は
時期になると
お花がキレイ

もみの木

少々太めに切りそろえられた手打ちのそばを、自家製のくるみダレにつけてずずっとする。汁は塩味とくるみの甘味がいい塩梅。麺はコシがしっかりして食感を楽しめ、最後はそばの香りがスッと鼻に抜けていく。ホクホクの野菜天ぷらも一緒に味わえば、なお口福。

長瀞町長瀞1533-7
☎ 090-3082-1569

人気メニュー、冷たいそばの「くるみ」

↑宝登サンドにはトマトも入る

ホイップ＆アイスの
トッピングがおすすめ

←外で注文後、隣の店内で飲食可能

ラテでいただく
本格抹茶

茶夢

お茶専門店が始めた抹茶ラテは、注文を受けてから京都の宇治抹茶をミルクで点てて、そこにきび砂糖をプラス。抹茶本来の深い甘味に驚かされる人も多いはずだ。秩父の名産しゃくし菜漬けと豚のみそ漬けを挟んだ宝登サンドもお見逃しなく

長瀞町長瀞1547-4　☎ 0494-66-0330

倉庫脇の囲いが
入り口

自家焙煎コーヒーを
手頃な値段で

Benjamin_Mason

世界中から厳選したコーヒー豆を自家焙煎し、注文を受けてから1杯ずつ丁寧に淹れる。それが一杯200円から味わえるとあって地元でも大変評判だ。埼玉県小鹿野町の人気ベーカリー、サンクスの定番メニューと特注品のパンも取りそろえる。

長瀞町長瀞1554-10付近　☎ 080-5905-0085

香り高いコーヒーとトーストのセットも販売

“天然”の2文字が
天然氷を扱う証

一押しは、秘伝みつに、あずき粒あん、抹茶あん、白あんが付く「極みスペシャル」

店内はレトロでアートな雰囲気

自然豊かで趣がある中庭席

天然氷は店内の冷凍庫で保管する

自然の甘みを感じる
小さなタイムカプセル

本店は3つの建物で
別々のメニューを
楽しめます♪

阿左美冷蔵 金崎本店

　長瀞駅前を歩いていると、あちらこちらに「長瀞 氷 阿左美冷蔵」の旗、旗、旗。すっかり地元を代表する人気グルメに成長した「かき氷」を支えているのが、氷専門店の阿左美冷蔵だ。氷の卸売を行なう一方、宝登山の中腹でいまなお自然の沢水から氷を製造。その天然氷を使ったかき氷を、金崎本店と寶登山道店の2店舗で味わえる。

　天然氷はそれ自体に味があり、口に含むとほのかに甘い。「その繊細な味わいを感じるには、和三盆から作る自家製シロップ“秘伝みつ”がおすすめです」と、6代目の阿左美幸成さん。「天然氷は秩父の冬を閉じ込めた小さなタイムカプセル。うちのかき氷はそんな秩父の冬の寒さを感じながら味わってもらえるとうれしいですね」。

金崎本店

皆野町金崎27-1　☎0494-62-1119

寶登山道店

長瀞町大字長瀞781-4　☎0494-66-1885

散策と水辺の遊びで

長瀞渓谷を満喫しよう!

国指定名勝・天然記念物、長瀞の「岩畳」

岩畳は一面に畳を敷き詰めたような見た目が名前の由来。連日観光客で大にぎわい

大地の脈動を目の当たりにする

国指定・天然記念物の長瀞で有名な「岩畳」は、長瀞駅から徒歩5分の距離にあり、とうとうと流れる荒川沿いに、幅80m、長さ500mの面積で広がっている。岩畳とは、地下約20〜30kmの深さで強い圧力を受けてつくられた結晶片岩が隆起し、荒川に浸食されて生まれた地形のこと。結晶片岩の板のように剥がれやすい構造や岩が隆起した際にできた垂直方向の割れ目、ここが川底だったことを証す甌穴など、自然の造形美を楽しめる。別名「地球の窓」とも呼ばれる景勝地で、太古の地殻変動に思いを馳せよう。

秩父鉄道長瀞駅から徒歩約5分

←長瀞では、岩畳の対岸にある通称「赤壁」も有名

木製の舟で
急流下り！

プカプカ
水遊びは
真夏に最高♪

２大ウォーターアクティビティ

風を切り、舟は清流にのってグイグイ進む

参加者全員の力を合わせてボートを漕ごう

ライン下り

木製の舟で荒川を下る通称「ライン下り」は、長瀞で人気のアトラクション。真夏でも水面は気温が低く、全身に受ける風はとっても涼しい。船頭の軽妙なトークで舟は進み、瀬と呼ばれる急流では上下に激しく揺れて水しぶきを上げる。

コースは、荒川の親鼻橋付近から岩畳までと、岩畳から下流に架かる高砂橋付近までの２つがメイン。特別な用意は必要なく、私服のままで乗船でき、長瀞駅前を起点に行き帰りともバスの送迎が付く。想像以上の満足度をぜひ気軽に体験してもらいたい。

長瀞ラインくだり	☎0494-66-0950
荒川ライン下り	☎0494-66-0890
長瀞 舟下り	☎0494-69-2151

ラフティング

ラフティングとは、パドルを使ってゴムボートを複数人で漕ぐアクティビティのこと。ライン下りは舟に座っているだけで川を下れるが、ラフティングではボートの操縦に各自の力が欠かせない。より積極的にアトラクションを楽しみたいアウトドア派はこちらがおすすめだ。急流では全身に飛沫を浴び、安全な場所ではボートから降りて流れに飛び込むことも可能。自然の川を泳ぐ体験は忘れられない思い出になるだろう。

装備のレンタルや必要な持ち物、予約の有無などはツアー会社に確認しよう。

アウトドアセンター長瀞	☎0120-66-4162
アムスハウス＆フレンズ	☎0494-26-6906
ワンダーパラダイス長瀞	☎0494-26-7791

11 | 破風山
(はっぷ)

ヤマタイムで
ルートチェック！

のどかな里の雰囲気を楽しみながら
秩父・奥武蔵の山並みを見渡す展望の頂へ。
山麓には心地よい温泉が待っている。

破風山山頂から東〜南
側の眺め。右手に武甲
山がそびえている

↓皆野橋から破風山が見渡せる

↓地元の里宮として信仰されている椋神社

歩行タイム	約3時間25分	難易度	中級 ★★☆
歩行距離	約8.5km	累積標高差	約1138m

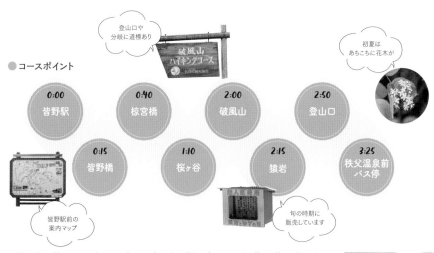

● コースポイント

登山口や分岐に道標あり

初夏はあちこちに花木が

| 0:00 皆野駅 | 0:40 椋宮橋 | 2:00 破風山 | 2:50 登山口 |
| 0:15 皆野橋 | 1:10 桜ヶ谷 | 2:15 猿岩 | 3:25 秩父温泉前バス停 |

皆野駅前の案内マップ

旬の時期に販売しています

秩父市と皆野町の境にそびえる破風山。標高は600m程度ながら、秩父や奥武蔵の山々の眺めがすばらしい。「破風」とは、日本建築で屋根の両側につけられた山型の装飾板、あるいはその形状のこと。山容が破風に似ているのが山名の由来といわれている。

山頂をめざすルートは複数あるが、山麓の集落の雰囲気を楽しめる桜ヶ谷コースで山頂に向かう。皆野駅から住宅街を進み、皆野橋

登山口へ向かう道沿いに無人の農産物直売所が

を渡るとのどかな山里の中の道になる。分岐にはわかりやすく道標が付けられているのがありがたい。

椋宮橋で小さな沢を渡るとすぐに椋神社。樹齢250年のケヤキの御神木が風格を漂わせている。舗装道路を緩やかに登り、道沿いの

ユズや梅の林を眺めながら桜ヶ谷の集落へ。ところどころで眺望が開け、武甲山がひときわ目立つ。観光トイレの先から山道に入っていく。

心地よい樹林を登り、札立峠の分岐を過ぎた

風戸の集落に出てすぐ、休憩舎でひと息

ら、山頂を回り込むように進む。木造の大きな休憩舎から、細い稜線を注意深く歩いて山頂へ。山頂は南から西側の眺望がよく、武甲山の三角形の山容、ノコギリの歯のような両神山の山容がよく目立つ。奥武蔵、秩父の山々が幾重にも連なる様子は壮観だ。

山頂からは休憩舎まで来た道を戻り、関東ふれあいの道へ。なだらかで歩きやすい登山道を進み、風戸の集落に出たらゴールの秩父温泉前バス停へ。バスの時刻を確認し、「秩父温泉満願の湯」に立ち寄っていこう。

クマ注意の看板があちこちに立っていた　91

↑桜ヶ谷の集落付近、武甲山が大きく眺められる

↑破風山山頂から望む、両神山（左）と二子山（右）

破風山山頂には立派な
山名看板が立つ

↓山頂直下はカエデなど広葉樹がうっそうと茂る森

←赤い風呂敷を頭にかぶったお地蔵様がいた

→猿岩。岩の形がサルの横顔に似ているというが…？

温泉でゆったり、駅前でのんびり
破風山

渓谷沿いの日帰り温泉で
気持ちよく汗を流そう。
バスに揺られて皆野駅に戻れば
心地よい喫茶店や食堂も。

売店では秩父の地酒や特産品がそろう

なめらかな肌触りの温泉
入浴後のお楽しみもたっぷり

秩父温泉 満願の湯

豊かな自然に囲まれた、天然温泉の日帰り入浴
施設。木々の緑や滝を望む露天風呂で、なめら
かな肌触りの温泉を満喫できる。入浴後は秩父
の名物グルメを味わえる食事処やテラス付きの
休憩所、仮眠ができる寝ころび処などでのんび
り過ごしたい。秩父の特
産品がそろう売店もある。

皆野町下日野沢4000
☎ 0494-62-3026

名物の
黄金めしはいかが

木々に囲まれて心地よい露天風呂

無料の休憩所も快適

周囲の景観に合った和風建築

素朴な味わいのエビピラフ、スープ付き

ゆったりと時間が流れる
レトロな喫茶店でひと息

喫茶アトラス

ドリンクも
昭和レトロ

皆野駅前バス停前に立つ喫茶店。明るいガラス
張りの1階と屋根裏部屋のような2階、いずれも
心地よくくつろげる。スパゲッティやピラフ、
トーストなど喫茶店定番のメニューがそろい、
いずれもやさしい味わいだ。

皆野町皆野892-1
☎ 0494-62-3694

鮮やかな色の建物が目を引く

札所前バス停
日野澤大神社
日野
明徳寺 卍
風戸入停口
風戸バス停口
秩父温泉バス停

日野沢川
温泉スタンド ⑦

札所34番
卍 水潜寺

G

満願の湯
秩父温泉

5

⑥ 風戸の鏡肌
風戸

⟶35分

休憩舎
破風山山頂と風戸方面の分岐。
ひと息ついていこう

登山口 🚻 ○ • 休憩舎

山靴の道分岐

関東ふれあいの道 ⟶35分

猿岩 ○

男体拝

↑15分
細い稜線 ⚠ ⑤ 休憩舎

林道野巻線
高橋沢コース

破風山 🔭 627 ▲
• 札立峠分岐

札立峠

3

椋神社
御神木は樹齢250年の
ケヤキ

• 高橋沢コース分岐
🔭 **武甲山と奥武蔵の山々の眺め**

↑50分

薬王寺 卍
野巻

🚻
桜ヶ谷 ○ 🚻
桜ヶ谷コース

③
椋神社
椋宮橋 ○

観光ぶどう園

④ ⟶30分
山中

• 笹原の石幢
笹原

頼母沢

4

道沿いにユズや梅の樹林が広がっている

埼玉県
秩父市

太田
磯端

N
1:15,000
0 ─────── 200m

アクセス(行き)

● 秩父鉄道 皆野駅
　↓　　徒歩
● 椋宮橋

皆野駅を出て右に進み、すぐ秩父鉄道の線路を渡る。皆野橋を渡ったら突き当たりを右折し、道標に従って県道を進む。椋神社の手前で、椋宮橋を渡る。

アクセス(帰り)

● 秩父温泉前バス停
　↓　皆野町営バス
● 秩父鉄道 皆野駅

秩父温泉満願の湯の前、県道沿いにバス停がある。皆野駅までは所要15分、1日に平日7本、土・休日5本の運行。

⑦ 温泉スタンド

温泉の自動販売機。20ℓで100円

⑥ 風戸の鏡肌

断層で岩石がずれてできた、光沢のある岩肌

① 郷平橋の眼下にのびやかな雰囲気の河原が広がる

② 高橋沢登山口

ここからもよく登られている

根古屋
休憩舎
根古屋橋
柴岡
国神

高橋沢登山口
前原
大渕登山口
急斜面
嶺松寺
25分
郷平橋
諏訪大神社
ガードレールのない車道
皆野橋

喫茶アトラス
皆野駅前
皆野駅 S
吉見屋 (P97)
割烹 坂本屋 (P96)
15分
わかりづらい五差路。道標あり
圓福寺
ガードレールのない車道

下原
原
荒川
延川
秩父鉄道

秩父川端温泉梵の湯
堀切
肥土
新皆野橋
秩父やまなみ大橋
皆野大塚IC

人口に対する店舗数が日本一!?
皆野に根付いた
うなぎ文化

皆野町は
大ヒット漫画
『のだめカンタービレ』の
作者の出身地

秩父市の北面に接する皆野町。人口は9071人（2023年11月1日現在）。この小さな町に、うなぎ専門店が3軒も集中しているというから気にならずにはいられない。皆野町はかつてうなぎの産地だった？ 荒川でうなぎが大量に獲れたころの名残？ しかし、それぞれの店主に真相を尋ねてみると「たまたま……」と同様の答えが返ってきた。どうやら皆野町はうなぎの産地でもなく、荒川でうなぎが大量に獲れたという事実もないらしい。

提供するうなぎは3店とも日本産

聞いた話をまとめると、各店の2〜3代目がさまざまな縁でうなぎを使った料理を出し始め、それが期せずして近場にあり、いまに至るそうである。偶然とはなんと奇妙なものだろう。とはいえ、いまではうなぎを目当てに皆野町を訪ねる人も増えたといい、名物としてしっかり地元に根付いている。

いまお店を切り盛りするのは、これも偶然に4代目たち。それぞれの味を大切にしながらどんな歴史を重ねるのか。皆野のうなぎはこれからが楽しみだ。

（左）店構えは二階建ての立派な建物
（右）静かな個室のテーブル席も完備する

柔らかくて香ばしく
タレの甘さもちょうどいい

皆野駅

割烹 坂本屋

皆野町最古参のうなぎ店。柔らかい身に香ばしさを感じ、タレは甘すぎず辛すぎない絶妙な塩梅。どれをとってもバランスがいいなか、柚子の風味が香る肝吸いがいいアクセントになっている。蒸さない関西風の提供も可能だ。

皆野町大字皆野970　☎0494-62-0045

うな重（特上）。タレの艶が食欲をそそる

特上うな重。肝吸いと漬物に小鉢と果物も付いてくる

店は駅前通りの真正面に立つ

店内は提灯が灯る趣ある雰囲気

皆野駅

ふわふわの身を
さっぱりタレで

吉見屋

席は完全予約制。敷地内の地下水で泥抜きしたうなぎを来店時間から逆算してさばき、小骨を丁寧に抜き、ふっくらと蒸してさっと焼く。タレは甘めのやさしい味付け。秩父音頭を再興した金子伊昔紅や紫綬褒章を受賞した金子兜太ら俳人が通った店としても知られる。

皆野町皆野898
☎0494-62-0011

親鼻駅

よく焼き、濃い味派は
こちらがおすすめ

東屋

同じ国産のうなぎでも、身の引き締まる宮崎県産と鹿児島県産を厳選使用。しっかり煮詰めた甘すぎないタレにくぐらせたのち、焦げ目が付くまでしっかり焼くのがお店のこだわりだ。供されるうな重は香ばしく、それでいて柔らかく、濃厚な味付けで食べ応え充分。

皆野町皆野2403
☎0494-62-0275

鰻重（肝吸い付）竹。蓋を開けると鼈甲色の蒲焼が現われる

お店は親鼻駅から徒歩3分

席には掘りごたつも完備

97

12 | 蓑山

ヤマタイムで
ルートチェック!

草花を愛でながらのんびり里山歩き。
8000本のサクラが山頂を彩る関東の吉野山、
ツツジやフジ、新緑に映える春の花木も楽しみ。

蓑山山頂から、サクラの
花越しに武甲山を望む

↑イカリソウの見頃は4月半ば

→芽吹きの時期、陽光を浴びて尾根歩き

↓道沿いにひっそりとシュンランが咲いていた

→針葉樹の中にひっそりと立つ蓑山神社

歩行タイム	約3時間35分	難易度	中級 ★★☆
歩行距離	約6.4km	累積標高差	約1170m

4月は足元に小さな草花がたくさん

サクラ（ソメイヨシノ）の見頃
4月上旬〜中旬

● コースポイント

0:00 親鼻駅	1:20 お犬のくぼ	1:35 蓑山神社	2:55 登山口	3:35 和銅黒谷駅

0:05 関東ふれあいの道分岐	1:30 みはらし園地	2:15 蓑山	3:15 和銅遺跡

入山者のカウンターをポチリ

蓑山神社の狛犬はオオカミ

ヒトリシズカ見つけた

蓑山は県内屈指のサクラの名所のひとつ。山頂一帯が美の山公園として整備され、ソメイヨシノやヤマザクラ、ヤエザクラなど約70種8000本のサクラが植栽されている。4月上旬から下旬にかけて、さまざまな種類のサクラを楽しめるのが魅力だ。ゴールデンウイークごろにはヤマツツジ、6月下旬〜7月上旬にはアジサイなど、さまざまな花が園内を彩る。

山頂まで車でもアクセスできるが、春は草花や新緑を愛でるハイキングが楽しい。親鼻駅からスタートするとすぐに仙元山コースと関東ふれあいの道に分岐する。どちらも所要時間は変わらない。仙元山コースをたどると、冨士嶽大神の祠を過ぎ、心地よい雑木林を進む。春先、足元を注意深く眺めれば、ニリンソウやイカリソウなどの小さな花を見つけられるだろう。

お犬のくぼの先で関東ふれあいの道と合流するとまもなく、みはらし園地へ。周囲はヤマザクラ

（左）春はサクラの花に彩られる親鼻駅
（右）蓑山の山頂展望台からは武甲山や両神山が一望に

が多く見られる。みはらし園地から蓑山神社を往復したら、舗装道路を進み、山頂をめざす。山頂は広場になっていて、3カ所の展望台がある。いちばん大きな山頂展望台からは、武甲山や両神山など秩父の山々が一望のもと。眼下にはサクラの斜面が広がっている。

展望と花の景色を満喫したら、和銅黒谷駅方面に下山。車道を進み、道標に従って山道に入る。下り始めの斜面はヤマザクラやフジが美しいところ。薄暗い樹林を進み、集落に出たら心地よい里山歩きで和銅黒谷駅へ。途中に和銅遺跡があるので立ち寄っていこう。

秩父の自然を学べる、山頂のインフォメーションセンター

↑蓑山山頂から東側の眺め。大霧山など外秩父の山々が見渡せる

↓蓑山の山頂は広場になっている

← 山頂の東側斜面に広がる花の森。サクラの種類が多い

↓花木が咲き乱れるのどかな集落の中を進む

↓和銅露天掘り跡の前には和同開珎の碑が立つ

立ち寄りスポット

Course 12

和銅黒谷駅周辺でランチ

蓑山

和銅黒谷駅周辺には
国道沿いに飲食店が点在。
こだわり食材、丁寧な手作りの料理で
楽しかったハイキングを締めくくりたい。

さばの味噌煮をメインにした昼食セット

隠れ家のような店で味わう
店主心尽くしの和食膳

宇ぜん

秩父鉄道の線路沿い、民家を改装した隠れ家の趣の和食処。昼はさばの味噌煮をメインに数種類の小鉢が並ぶ昼食セット、夜は旬の素材のおまかせ膳。気さくな主人が手がける料理は、素材の風味を生かしたやさしい味わいだ。

秩父市黒谷370-6

☎ 0494-26-6370

※不定休につき要連絡。

秩父鉄道沿いに立つ

レトロなカウンター席

店主のアート作品を展示

自家製石臼挽きそば粉で打つ
風味のよい手打ちそば

はぎふく

国道沿いに立つこぢんまりとした店構えの手打ちそば店。季節ごとに産地にこだわり取り寄せたそばを石臼で挽いたそばは、風味がよくすっきりとしたのどごし。素材のうまみや甘みが強く感じられる天ぷらとともにいただきたい。

秩父市黒谷503-1　☎ 0494-22-8535

自家製粉の手打ちそば

地元素材の
ジェラートが
おすすめ！

チェック！

秩父産のおいしいぶどうを
ぶどう狩りやジェラートで

和銅ぶどう園

寒暖の差が激しい秩父の気候を生かして作られる、甘く味に深みのあるぶどう。8〜10月の収穫時期にぶどうの販売を行なうほか、ぶどう狩りも楽しめる。自家農園のぶどうや地元の銘酒などを素材にしたジェラートも人気だ。

秩父市黒谷320　☎ 0494-24-0250

① 木造の社殿が立つ富士嶽大神

③ みはらし園地
見晴らしはいまひとつだがベンチとテーブルあり

② 車道から山道に戻る。小さな道標を見落とさないように

▲ 車道を横切り登山道へ

❋ 道沿いにニリンソウ群生

道の駅みなの・
富士嶽大神 ①

親鼻駅 ▲S

東屋（P97）

関東ふれあいの道分岐

萬福寺

1時間15分

お犬のくぼ

▲②

関東ふれあいの道合流点

埼玉県
皆野町

❋ ヤマツツジ

10分

みはらし園地 ③

❋ ヤマツツジ

5分

5分

❋ ヤマザクラ

蓑山神社

参道

表道

湯の宿 和どう

秩父七湯のひとつである和銅鉱泉の一軒宿。
木々の緑を眺めながら、しっとりとした肌に触れる湯を楽しめる。日帰り入浴もできる
（11時～14時）。
秩父市黒谷813 ☎0494-23-3611

皆野町役場・

割烹坂本屋（P96）

吉見屋（P97）

皆野駅前

チェック！

上ノ台

下原

荒川

皆野
駅

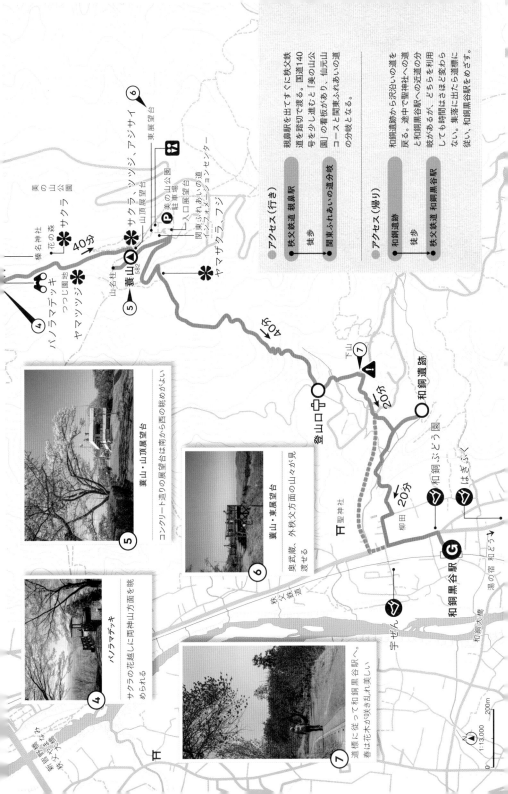

アクセス（行き）

秩父鉄道 親鼻駅 — 徒歩 — 関東ふれあいの道の分岐

親鼻駅を出てすぐに秩父鉄道を踏切で渡る。国道140号を少し進むと「美の山公園」の看板があり、仙元山コースと関東ふれあいの道の分岐となる。

アクセス（帰り）

和銅遺跡 — 徒歩 — 秩父鉄道 和銅黒谷駅

和銅遺跡から沢沿いの道を戻る。途中で聖神社への道と和銅黒谷駅への近道の分岐があるが、どちらを利用しても時間はさほど変わらない。集落に出たら道標に従い、和銅黒谷駅をめざす。

榛名神社
花の森
⑤ 蓑山 582
サクラ、ツツジ、アジサイ ⑥ 東展望台
サクラ、ツツジ、アジサイ 山頂展望台
美の山公園 駐車場
関東ふれあい インフォメーションセンター
ヤマザクラ、フジ

花の森 サクラ
つつじ園地 ヤマツツジ
パノラマデッキ
40分
山名柱

④
⑤
20分
登山口
下山
⑦
20分
和銅遺跡
20分
聖神社
柳田
和銅ぶどう園
はぎぶどう
和銅黒谷駅 **G**
宇せん
和銅大橋
湯の宿 和どう
秩父鉄道

⑤ **パノラマデッキ**
蓑山・山頂展望台
コンクリート造りの展望台は南から西の眺めがよい

④ **パノラマデッキ**
サクラの花越しに両神山方面を眺められる

⑥ **蓑山・東展望台**
奥武蔵、外秩父方面の山々が見渡せる

⑦
道標に従って和銅黒谷駅へ。春は花木が咲き乱れ美しい

親鼻橋ふみ
新皆野橋
秩父みち大橋

N
1:13,000
0   200m

13 | 琴平丘陵

ことひらきゅうりょう

ヤマタイムで
ルートチェック！

信仰の歴史を物語る建造物が点在する
心地よい丘陵歩き。
フィナーレは絨毯のように広がるシバザクラの園。

芝桜の丘から武甲山を望
む。白と濃淡のピンクのシ
バザクラのお花畑が広がる

↓チューリップも見頃を迎えていた

↓芝桜の丘開園時は、秩父の特産品を楽しめるちちぶマルシェも

歩行タイム ……………… 約3時間20分		難易度 ……………………… 中級 ★★☆		
歩行距離 ……………………… 約6.6km		累積標高差 ……………………… 約870m		

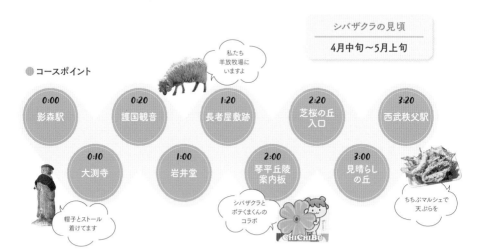

シバザクラの見頃
4月中旬〜5月上旬

● コースポイント

私たち羊放牧場にいますよ

0:00 影森駅	0:20 護国観音	1:20 長者屋敷跡	2:20 芝桜の丘入口	3:20 西武秩父駅
0:10 大渕寺	1:00 岩井堂	2:00 琴平丘陵案内板	3:00 見晴らしの丘	

帽子とストール着けてます

シバザクラとポテくまくんのコラボ

ちちぶマルシェで天ぷらを

CHICHIBU

武甲山の山麓、秩父市街の南側に位置する琴平丘陵。低くたおやかな尾根が連なっていて、影森駅から羊山公園の区間がハイキングコースとして整備されている。羊山公園はサクラやシバザクラの名所として人気が高く、特に4月中旬から5月上旬にかけて見頃を迎える「芝桜の丘」は、10品種40万株以上のシバザクラが美しい花の絨毯を作り出す。

影森駅から大渕寺に向かい、お参りを済ませて登山道へ。登山道はなだらかだが、岩が露出しているところもあり、慎重に進む。全長16mの巨大な護国観音は穏やかな顔立ち。像の前からの展望がすばらしく、両神山など秩父の山々が眺められる。

円融寺の分岐を左に見送り、石段を上りきると円融寺の奥の院である岩井堂に到着。木々の緑に囲まれ、崖に張り付くように立つ懸崖舞台造りの観音堂は風情たっぷり。岩井堂から少し進み、修験堂を過ぎたら急な鉄階段を下って登山道へ。アップダウンを繰り返しながら下っていく。

舗装道路に出たら、道標に従い羊山公園をめざして進む。羊放牧場の先に芝桜の丘の入り口がある。色とりどりのシバザクラがパッチワークのように広がり、その向こうに武甲山がどっしりとそびえている。すばらしい景観を楽しんでいこう。

芝桜の丘から舗装道路を進み、西武秩父駅をめざす。天気がよければ、駅に向かう分岐を見送り、見晴らしの丘に足を延ばそう。秩父市街が一望できて気持ちがいい。

岩井堂の舞台の上から周囲を見渡す

秩父修験堂。険しい崖の上に立っている

牧水の滝近くにはこぢんまりとした日本庭園が

護国観音の前は北側の
眺めがすばらしい絶景
スポット

↓緑豊かな樹林の中に朱塗りのお堂が目を引く岩井堂

←高さ16ｍ、穏やかな顔立ちの護国観音

→春から初夏は登山道を花木が彩る

↓芝桜の丘の園内は散策路が整備されている

↓見晴らしの丘から秩父市街、秩父の山並みを望む

秩父でちょこっと昭和探訪?
琴平丘陵

昔ながらのたたずまいとおもてなしの店や、戦前の秩父の産業を解説する資料館。「昭和」を感じられるスポットに立ち寄ってみよう。

気さくでやさしいおかあさんの
みそポテトと焼きそば

今井屋

昭和レトロな建物や手書きの看板が目を引く売店。気さくでやさしいおかあさんが切り盛りしている。秘伝の味噌だれで作るみそポテトと、もっちりとした麺とソースの風味が絶妙な焼きそばは、どちらも散策のお供におすすめ。

秩父市下影森173　☎0494-24-3273

店頭にずらりと焼きそば、みそポテトが並ぶ

昭和5年建築の建物も見どころ

秩父を代表する伝統工芸
秩父銘仙の歴史を知る

ちちぶ銘仙館

大正時代から昭和初期にかけて全国的な人気を誇り、当時の秩父の産業の根幹であった「秩父銘仙」。使われていた機械や、秩父の織物業に関する歴史的な資料を豊富に展示する。染めや手織りの体験もできる(有料)。

秩父市熊木町28-1　☎0494-21-2112

秩父銘仙を豊富な資料で紹介

西武秩父駅直結の立ち寄り湯
土産物や秩父グルメもそろう

西武秩父駅前温泉 祭の湯

秩父の「祭」をコンセプトにした複合温泉施設。温泉エリアは男女別に内湯や露天風呂があり、湯巡り気分が味わえて楽しい。わらじカツ丼などの秩父グルメが味わえるフードコートや、秩父の特産品を扱うショップも充実。

秩父市野坂町1-16-15　☎0494-22-7111

↑古くから地元の人々に愛される店だ

パックにぎっしりの焼きそば

秩父観光の締めくくりにぜひ立ち寄りたい

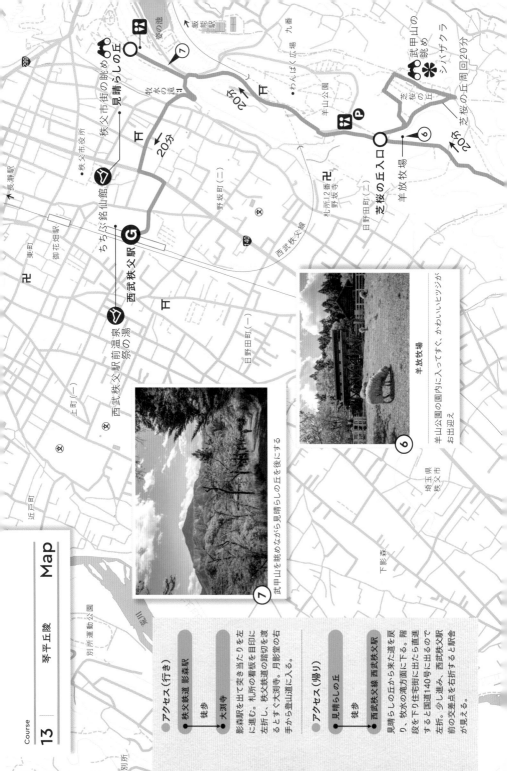

秩父市街の眺め

見晴らしの丘

武甲山の眺め

シバザクラ

芝桜の丘周回20分

芝桜の丘

羊放牧場

芝桜の丘入口

⑥

羊山公園

わんぱく広場

20分

秩父市役所

牧水の滝

20分

ちちぶ銘仙館

西武秩父駅前温泉 祭の湯

西武秩父駅 G

札所12番寺 野坂寺

日野坂町（二）

西武秩父線

日野田町（一）

長瀞駅

御花畑駅

上町（一）

近戸町

別所運動公園

別所

羊放牧場

武甲山を眺めながら見晴らしの丘を後にする

⑦

埼玉県
秩父市

下影森

羊放牧場

羊山公園の園内に入ってすぐ、かわいいヒツジが
お出迎え

⑥

アクセス（行き）

秩父鉄道 影森駅

徒歩

大渕寺

影森駅を出て突き当たりを左
に進む。札所の看板を目印に
左折し、秩父鉄道の踏切を渡
るとすぐ大渕寺。月影堂の右
手から登山道に入る。

アクセス（帰り）

見晴らしの丘

徒歩

西武秩父線 西武秩父駅

見晴らしの丘から来た道を戻
り、牧水の滝方面に下る。階
段を下り住宅街に出たら直進
すると国道140号に出るので
左折。少し進み、西武秩父駅
前の交差点を右折すると駅舎
が見える。

⑤ 武甲山登山口の碑
登山道脇に古い石碑がひっそりと立つ

④ 長者屋敷跡
あずまやがあり、ひと息つける

③
岩が露出しているところにロープがかけられていた

② 大渕寺
秩父札所27番。お参りをしてから歩き始めよう

①
道標に従って「二十七番」方面へ

看板あり。山道に入る

琴平丘陵案内板

武甲山登山口の碑 ⑤

山の神

三角点あり

40分

琴平ハイキングコース

大山祇神社

長者屋敷跡 ④

べつとく岩

急な階段の下り

20分

仏像

琴平神社

修験堂

岩井堂

札所26番の奥の院

円融寺分岐

40分

護国観音

岩場の下り ③

秩父市街の眺め

ヤマツツジ

10分

札所27番 大渕寺 ②

札所26 円融寺

レンタック秩父事業所

影森駅 Ⓢ

大沼町

栄町

宮本町

今井屋 ①

影森

護国観音 前方に武甲山の眺め

140

柳大橋

1:13,000

0　200m

N

14 | 四阿屋山
あずまや

ヤマタイムで
ルートチェック！

キラキラ輝くフクジュソウの群落や
咲き匂う梅に出迎えられて早春の花を満喫。
急な岩場の先に展望の山頂が待つ。

フクジュソウ園地のフ
クジュソウ。シカよけ
のネット越しに花を見
ることができる

↓フクジュソウ園地からはロウバイの向こうに武甲山が見渡せる

←フクジュソウ園地に向かう道沿いに白梅・紅梅が咲く

→陽光を受けて輝くフクジュソウ

歩行タイム	約3時間45分	難易度	上級 ★★★
歩行距離	約6km	累積標高差	約1344m

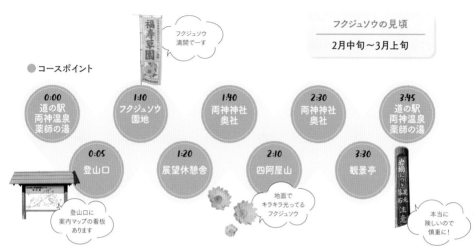

フクジュソウ満開でーす

フクジュソウの見頃
2月中旬～3月上旬

● コースポイント

0:00 道の駅両神温泉薬師の湯
0:05 登山口
1:10 フクジュソウ園地
1:20 展望休憩舎
1:40 両神神社奥社
2:10 四阿屋山
2:30 両神神社奥社
3:30 観景亭
3:45 道の駅両神温泉薬師の湯

登山口に案内マップの看板あります

地面でキラキラ光ってるフクジュソウ

本当に険しいので慎重に！

まだ肌寒い2月から3月にお花見登山を楽しめる、早春に訪れたいおすすめの山が四阿屋山。山の中腹にフクジュソウ園地があり、例年の見頃は2月中旬から3月上旬だ。時を同じくしてロウバイや紅白の梅を楽しむことができるうえ、近くには珍しいセツブンソウの自生地もある。

道の駅両神温泉薬師の湯からスタート。登山道に入ると、丸太の階段を交えた登り。やや急なところもあるが、あずまやがあるので休憩していくとよい。舗装道路に入ると、道沿いに紅白の梅が咲き、ほんのりと匂いを漂わせている。舗装道路の突き当たりがフクジュソウ園地になっている。陽光を受けてキラキラと輝いているフクジュソウの群落は見応え充分。ロウバイやカワヅザクラなどの花木も見られる。ゆっくり楽しんでいこう。

フクジュソウ園地から先は歩き慣れた人向けの登山道となる。両神神社奥社までは傾斜の急な登

（左）展望あずまやは武甲山方面の眺めがよい
（右）中華風の建物が目を引く観景亭

り、ゆっくり息を整えて進む。両神神社奥社から山頂までは岩場が続く。ところどころ鎖場もあるので慎重に登ろう。四阿屋山の山頂はそれほど広くないが、両神山の独特の山容がくっきり大きく眺められる。

下山は両神神社奥社まで来た道を戻り、北に向かう登山道（鳥居山コース）に進む。静かな樹林歩きが楽しめる道で、ところどころで展望が開けて、奥秩父の二子山や父不見山などが眺められる。特徴的な建物の観景亭で最後に眺望を楽しんだら、舗装道路を下り、ゴールの道の駅両神温泉薬師の湯をめざす。

フクジュソウと
時季を同じくして咲くロウバイ

四阿屋山山頂からは両神山が間近に眺められる

↓静かにたたずむ両神神社奥社の社殿

↓展望休憩舎からは武甲山方面の眺めがよい

↓両神神社奥社から先は鎖場が続き緊張の連続

温泉併設の道の駅が観光・散策の起点

四阿屋山

道の駅両神温泉薬師の湯は
温泉、食堂、直売所を備えた
秩父のよいものを満喫できる場所。
小鹿野エリアの観光の起点でもある。

体がよく温まる温泉
秩父の名産がそろう道の駅

道の駅
両神温泉薬師の湯

秩父名物
わらじカツ丼も
あるよ

日帰り入浴施設を併設する道の駅。大浴場は明るいガラス張りで、山を眺めながらゆったりくつろげる。食堂があり、手打ちうどん・そばやボリューム満点の定食が味わえる。帰りには品数豊富な農産物直売所で山里の恵みをお土産に。

小鹿野町両神薄2380　☎0494-79-1533

広い敷地に食堂、売店、入浴施設が並ぶ

天ぷらがセットの薬師そば

農産物や工芸品が並ぶ売店

明るく心地よい大浴場

チェック！

（上）冬枯れの森に白い花がびっしりと咲く
（右）花の直径は2cm程度、可憐な花姿

淡い雪のように地面を埋める
セツブンソウの群落

堂上のセツブンソウ自生地

関東以西に自生するセツブンソウは、直径2cmほどの愛らしい姿が特徴的な花。小鹿野町両神小森地区にはセツブンソウの自生地があり、約5000㎡の敷地に花が咲く。例年の見頃は2月下旬から3月中旬、小さな花がうっすらと地面を埋めつくすように咲き乱れ、散策路から間近に花を眺めることができる。

両神温泉薬師の湯バス停から20分、
堂上バス停下車（開花時期は自生地前で停車）
☎0494-75-5060（小鹿野町まちづくり観光課）

自然がつくり出した
芸術！

113

⑥ 送電線の下は北側の景色がよい、隠れ絶景
スポット

⑤ 四阿屋山

山頂からはノコギリのような形の両神山が間近に

山道分岐「薬師堂」方面へ ⚠️

鳥居山コース

1時間

🔭 ⑥

道幅細く歩きづらい ⚠️

柏沢分岐

道沿いに紅梅・白梅 ✳️

丸太の階段下り

道がやや不明瞭 ⚠️

ザレの下り
足場悪い ⚠️

⚠️ 丸太の急な階段

両神神社奥社 ⛩️

20分

⑤ **四阿屋山**
    772

両神山方面の眺め 🔭

岩場 ⚠️

20分

30分

20分

④ ⚠️

展望休憩舎
武甲山の眺め 🔭

③ ⛲

**フクジュソウ
園地**

10分

♿

急な登り ⚠️

武甲山の眺め 🔭

フクジュソウ、ロウバイ、カワヅザクラ ✳️

山居分岐

④ 山頂直下の鎖場。足
場が悪いので充分注意
して進む

③ **フクジュソウ園地**

展望がよく、あずまやもある。ゆっくりしよう

大堤バス停 ⛩️

N
1:10,000
0   200m

堂上のセツブンソウ自生地 ↙️

北西方面の眺め

守

観景亭　15分 →

両神温泉・
国民宿舎両神荘

両神神社 开
薬師堂 卍　　薬師堂 ⑦

⑦

①

S　G　道の駅
両神温泉薬師の湯

・展望あずまや

登山口

5分

案内図看板あり

・あずまや

②　⚠

1時間5分 ←

薬師堂コース

桜本

小森川

P

山居広場入口

桜本コース

埼玉県
小鹿野町

② 丸太の階段。傾斜は緩やかだ
が、長く続く

⑦ 風格あるたたずまいの薬師堂

押留コース
登山口

道の駅 両神温泉薬師の湯バス停

① 小鹿野町営バスが発着。堂上のセツブンソウ自
生地もここからバスで行くことができる

● アクセス（往復）

● 秩父鉄道 三峰口駅

↕ 小鹿野町営バス

● 道の駅 両神温泉薬師の湯

三峰口駅前のバス乗り
場から、薬師の湯方面
行きのバスに乗車し、
約18分。バス停奥の舗
装道路を進むとすぐに、
案内図の看板が立つ。

清冽な"氣"に満ち溢れる
関東屈指のパワースポット

三峯神社

境内には
オオカミ像が
いっぱい

2本の御神木を従えた拝殿。三峯神社は、夫婦神をお祀りしているので夫婦和合などのご利益がある

三峯とは雲取山、白岩山、妙法ヶ岳の総称

三峯神社は、約1900年前（弥生時代後期）に日本武尊（ヤマトタケルノミコト）が創建。中世以降は修験道の道場となり、多くの武将から崇敬を受けた。また、秩父では畑を荒らすイノシシなどから作物を守ってくれたことから、オオカミが神の使いとして祀られている。近年は、山々の強い「氣」が流れ込むパワースポットとしても有名である。

秩父市三峰298-1　☎0494-55-0241

隨神門

江戸中期に建てられた高さ10m以上の山門。緑に囲まれた境内にある極彩色の門は、神々しさを感じさせる。門の両脇には、弓矢を持ち神をお守りする隨神像が安置されているので見ておきたい。ここをくぐると空気が一変し、パワスポに足を踏み入れた感覚になる。

御神木（重忠杉）

拝殿参拝後は、御神木に向かって3度深呼吸をして、手を合わせて祈るとよい。強力な霊気で、仕事や縁結び、健康などあらゆることを成功に導いてくれるという。樹齢800年の御神木は、2022年のNHK大河ドラマ「鎌倉殿の13人」にも登場した、畠山重忠が奉納したもので、「重忠杉」とも呼ばれている。

標高1329mの妙法ヶ岳の頂上にある奥宮を望める

石畳に現われた龍

2012年に拝殿下の石畳に突然現われたという「赤い目の龍」。現在は、水と柄杓が置かれて、誰でも参拝できるようになっている。この龍は、辰年に現われたことからとても縁起がよいといわれ、スマホの待ち受け画面にすると運気が上がるとの評判だ。

遥拝殿

三峯神社の奥宮を遥拝（遠くから拝むこと）するために建てられたもの。ここは、秩父の山々や秩父市街が一望できる絶景スポット。運がよければ、眼下に雲海が見えることもある。以前は、表参道から登ってきた人たちは、ここから神社のなかに入った。

日本武尊銅像

三峯神社を創建したといわれている高さ5.2mの日本武尊の銅像。日本武尊は、国生みの神様であるイザナギノミコトとイザナミノミコトの偉業をたたえて祀ったことから、三峯神社が始まったという。そのときに道案内をしたのがオオカミといわれている。また、近くには野口雨情や斎藤茂吉の歌碑もある。

えんむすびの木

境内の奥には、モミノキとヒノキが根元からぴったり寄り添って一本の木のように見える「えんむすびの木」がある。備え付けられた紙に縁を結びたい相手の名前を書いて、木箱に納めると結ばれるという。木箱の近くには、縁を占うことのできる「恋みくじ」もあって、特に女性の参拝者に人気がある。

お仮屋の中には、たくさんのオオカミが祀られている

お仮屋神社

えんむすびの木のさらに奥にあるのが、三峯神社のご眷属（神の使い）であるオオカミを祀っているお社だ。ここにはたくさんのオオカミが祀られていることから、境内のなかでも強力なパワースポットといわれており、盗難や火難に霊験があるとされている。

興雲閣

古くは僧侶や三峯神社へ訪れた参拝者が身を清めるための施設として利用されていた興雲閣。現在は、三峯神社への参拝客だけでなく一般の観光客も利用できる宿坊となっている。館内には宿泊者専用の温泉もあり、参拝の疲れを癒やすことができる。

奥宮

三峰山のひとつ、妙法ヶ岳の山頂には、1741年に創建された三峯神社の奥宮が鎮座する。境内からはクサリ場を含む山道を往復で約3時間。もし奥宮まで足を延ばす場合は、登山靴や雨具、ヘッドランプなどの登山装備を必ず携行のこと。毎年5月3日には奥宮開山祭、10月9日には奥宮山閉祭が行なわれる。

氣の御守

三峯神社のお守りは「氣（き）の御守」といって、境内にある御神木のかけらが入っているのが特徴。身につけることで常に御神木からの霊気を分けていただける。色は、赤・青・緑・ピンクの4種類で、すべて裏側にはオオカミがデザインされている。

名物のくるみそばは、大人気

立ち寄りスポット

石臼で挽いた本格的な
手打ちそばが食べられる

三峰お犬茶屋 山麓亭

石臼で挽いた本格的な手打ちそばは、腰が強く歯応えがあり、本当においしい。そばつゆもしっかりと出汁の風味が感じられる逸品。食事のお供には、やや粘り気があって味噌だれがおいしい「中津川いも」の田楽もオーダーしたい。

秩父市三峰298-1　☎0494-55-0036

秩父特産の「中津川いも」の田楽も美味

店内には、秩父のお土産も販売

三峯神社に向かう参道の途中にある

Course

15 清雲寺・若御子遊歩道
せい うん じ わか み こ ゆう ほ どう

ヤマタイムで
ルートチェック！

里山の自然と歴史を満喫。
青々とした水をたたえたダム湖と
風情あふれる社寺を巡る。

清雲寺のシダレザクラ。
大小合わせて約30本
が境内を彩る

↓秩父札所29番の長泉寺

←ダムの提上へは500段の階段でアクセスすることもできる

→若御子神社の狛犬はオオカミ

↓清雲寺の境内で石仏がほほ笑んでいた

歩行タイム	約3時間15分	難易度	中級 ★★☆
歩行距離	約8km	累積標高差	約992m

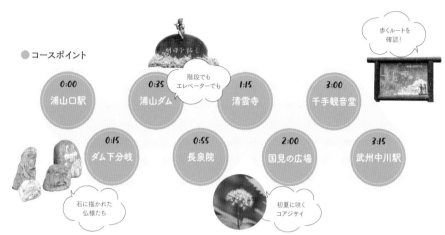

歩くルートを確認!

● コースポイント

0:00 浦山口駅

0:35 浦山ダム — 階段でもエレベーターでも

1:15 清雲寺

3:00 千手観音堂

0:15 ダム下分岐

0:55 長泉院

2:00 国見の広場

3:15 武州中川駅

石に描かれた仏様たち

初夏に咲くコアジサイ

諸上橋を渡ると浦山ダムが大きく眺められる

秩父鉄道の駅を起点にのんびり里山歩き。荒川の支流である浦山川の上流に位置する浦山ダム(秩父さくら湖)も見どころのひとつだ。若御子遊歩道は歩き応えのある散策路だが、静かな樹林歩きが楽しめる。

不動名水で水をいただいてから歩き始めよう。道標に従い、まずは浦山ダムをめざす。ダムの堤体へはエレベーターで上ることができるが、ダム脇の階段を上って向かうこともできる。堤体からは青く水をたたえたダム湖が美しく、北側を望めば秩父の山々や日光連山、赤城山なども見渡せる。

ダムを後にしてほどなく、秩父札所29番の長泉院へ。サクラやツツジなど、四季折々に美しい庭園が見事だ。さらに舗装道路を進み、清雲寺へ。3月下旬〜4月上旬には境内のシダレザクラがことさらに美しい。若御子神社の奥から若御子遊歩道に進む。雑木林の中、丸太の急な階段を上り、展望デッキのある国見の広場へ。さらに若御子峠、憩いの広場へと、山道を進む。道標はわかりやすいが、急な斜面や足場の悪いところがあるので注意しよう。

舗装道路に出たら、道標に従って「千手観音堂・武州中川駅」方面へ。境内に土俵がしつらえられている千手観音堂は、お堂の天井に相撲四十八手が描かれているので、拝観していこう。8月

千手観音堂の境内には土俵がある

16日には、身体健康の願をかけて相撲を奉納する信願相撲も行なわれている。畑や住宅が広がるのどかな風景のなかを進み、踏切を渡るとゴールの武州中川駅はもうすぐだ。

若御子神社にお参りして遊歩道へ

木々がうっそうと茂る憩
いの広場。あずまややべ
〜チがある。

憩いの広場
荒川村

↓若御子遊歩道。前半は美しい雑木林が続く

若御子断層洞。地質学的
に重要で、埼玉県の天然
記念物に指定されている

↓千手観音堂の天井に描かれた相撲四十八手

さまざまな「水の恵み」を楽しむ

清雲寺・若御子遊歩道

不動名水や浦山ダム、安谷川渓谷など「水」にまつわる名所が点在する。散策の締めは地元の水とそば粉で打つおいしいそばを味わいたい。

ダムの仕組みや役割を
楽しく学ぶことできる

浦山ダム防災資料館 うららぴあ

浦山ダムの堤体に立つ資料館。多くのパネル展示や模型などで、ダムの仕組みや役割、秩父の自然や荒川の歴史を楽しく学ぶことができる。1階には食堂があり、「浦山ダムカレー」が人気。ダムカードももらえる。

秩父市荒川久那4041　☎0494-23-1431

豊富な展示資料で見応え充分

（左）浦山ダムの模型（右）2階展示室からの眺めもよい

石臼挽きで風味豊か
地元産の絶品手打ちそば

そば道場あらかわ亭

秩父市荒川地区産のそばを石臼で挽いた、挽きたて・打ちたて・茹でたてのそばを味わえるそば処。風味がよく、すっきりした味わいのそばだ。天ぷら・ごはん付きのそば定食はボリューム満点。そば打ち体験もできる（要予約）。

秩父市荒川上田野1431-9　☎0494-54-1251

盛りだくさんのそば定食

（左）武州中川駅からすぐ（右）ゆったりとしたテーブル席

チェック!

ふわりと硫黄のにおい、渓谷沿いに湧く鉱泉

明ヶ指のたまご水

ふんわりと硫黄のにおいが漂う

安谷川渓谷沿いで、硫黄のにおいを漂わせながら湧き出す鉱泉。昔は養生のために風呂に入れたり飲んだりしたという（現在は飲用不可）。たらいに溜まった水は青白く、底に沈殿物が文様をつくり出しているのが神秘的だ。

武州中川駅から徒歩45分
☎0494-54-2114（秩父市荒川総合支所）

新緑や紅葉が美しい安谷川渓谷

④ 清雲寺

室町時代、応永30（1423）年開山の古刹。シダレザクラの
寺として知られている

⑦ 武州中川駅へは右折。直進すると明ヶ指の
たまご水（P123）へ

武州中川駅

140

秩父鉄道

参道入口

20分

そば道場
あらかわ亭 🎌

Ⓖ 🚻

❋ シダレザクラ

卍 清雲寺
（P126）④

15分

三峰口駅

🚻 卍千手観音堂

🚻

卍 若御子神社

害獣よけゲート
若御子断層洞

明ヶ指のたまご水

45分

丸太の階段の⚠
急登が続く

国見の広場
⑤

急な石段の下り ⚠

⑥ 若御子峠付近は静けさ漂う針葉樹の林

若御子遊歩道

1時間

若御子峠

憩いの広場

⑥

⑤
国見の広場

木々に覆われ見晴らしはいまひと
つ。木造の立派な展望台がある

若御子山▲

秩父駅 ↗

久那橋

荒川

秩父鉄道

140

浦山口駅
S

秩父市浦山民俗資料館

不動名水

① 不動名水

① 不動名水

不動尊の祠の脇から湧き出す名水。歩き始めに汲んでいこう

15分

荒川久那

卍

卍 札所28番 橋立堂

橋立鍾乳洞

サクラ、ツツジ、
ボタンなど
札所29番
長泉院

卍

5分

② 諸上橋 🔭

ダム下分岐

15分 ↑ ↓ 20分

P

⚠ 500段の階段

浦山ダム防災資料館
うららぴあ

P 🚻

浦山ダム

③

🔭 北側に日光連山、赤城山、
南側は秩父、奥武蔵の山々

秩父さくら湖

② 諸上橋

橋の上から浦山ダムが眺められる

③ 浦山ダム

青々と水をたたえた浦山ダムのダム湖、秩父さくら湖。春は湖畔にサクラが咲く

● **アクセス（行き）**

● 秩父鉄道 浦山口駅

徒歩

● 諸上橋

浦山口駅から道なりに下り、突き当たりを右に進む。アーチ橋の諸上橋を渡り、川沿いの舗装道路を進むと突き当たりに浦山ダムの入り口がある。

● **アクセス（帰り）**

● 千手観音堂

徒歩

● 秩父鉄道 武州中川駅

千手観音堂から西方向に進み、「武州中川駅」の道標に従って右折。住宅街を進み秩父鉄道を踏切で渡ると、右手に武州中川駅の駅舎が立つ。

橋立川

橋立

N
1:12,000
0　　　　　200m

風情あふれる花に癒やされる

秩父、春の花寺巡り

清雲寺のシダレザクラ

シダレザクラの見頃
3月下旬〜4月上旬

3月下旬から4月上旬の金・土曜は、18〜20時までライトアップが行なわれる

満開時は桜の花が滝のように垂れ下がる

若 御子山の麓に立つ清雲寺は、樹齢600年の県指定天然記念物をはじめとするシダレザクラの名所。約30本ものシダレザクラが集中しているところは珍しく、エドヒガンザクラと秩父ベニシダレザクラが混成して咲く様子は、本当に美しい。2種類の桜は、開花時期が1週間ほどずれているので長い期間楽しめるのも魅力だ。

秩父市荒川上田野690

☎0494-54-2114（秩父市荒川総合支所地域振興課）

ボタンが咲くと境内は花の香りに包まれる

珍しい
種類のボタン
もある

少林寺のボタン

ボタンの見頃

4月中旬〜5月上旬

秩父駅と御花畑駅の中間にあってアクセスしやすいので、花の季節はぜひ立ち寄りたい

境内はまるでお花畑のよう

4 月中旬から5月上旬の秩父では、芝桜まつりが開催され多くの見物客が訪れる。そんな春の秩父でシバザクラと一緒に楽しみたいのが、秩父三十四札所の15番、少林寺のボタンだ。境内には、約50種、200株のボタンが咲き誇る。ボタンは、日当たりのよい場所から順に咲いてゆくので、3週間ほどにわたって花を愛でることが可能。

秩父市番場町7-9

☎ 0494-22-3541

127

秩父駅周辺の
おすすめ喫茶＆食事処＆土産

秩父駅周辺は、そばやわらじかつ、ホルモンなど
秩父地方のおいしいものが食べられる店がめじろ押しだ！

秩父市の
イメージキャラクター、
ポテくまくん

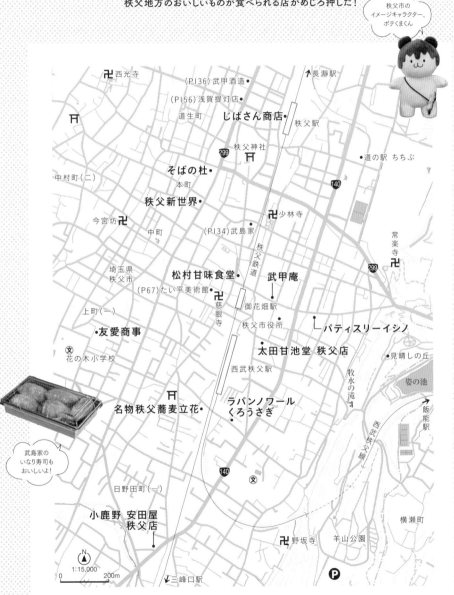

武島家の
いなり寿司も
おいしいよ！

豚味噌丼

秩父の中心街に面した店舗

和風レトロな雰囲気の店内

創業 大正四年 秩父豚味噌本舗せかい
豚味噌丼 お食事処

隣のお店で
豚肉味噌漬も
買える

創業100年以上の
老舗精肉店が手がける
秩父のソウルフード

秩父新世界

1915年創業の老舗精肉店「せかい」が手がける、豚味噌丼のお店。豚味噌丼は、もともとは、秩父地方の猟師たちが、獲物を保存するために味噌に漬けた郷土料理だった。柔らかい豚肉と熟成手づくり味噌のマッチングは、まさに秩父ならではの秘伝の味といえる。

秩父市本町4-1

☎ 0494-26-5257

香ばしい味噌が染み込んだ豚肉は、とってもジューシー

コーヒーカップは
有田焼です

↑焼きたてトースト付きの
モーニングセット

→天井高が3.5mもあり
開放的な雰囲気の店内

喫茶

朝6時からモーニングを
食べられるカフェ＆ギャラリー

武甲庵

秩父市役所近くにあるカフェ＆ギャラリーで、おいしいモーニングが朝6時から食べられる。早朝出発の山歩きのときにも利用できて便利。店内には、秩父の風土や民俗を撮影し続けた写真家、故清水武甲さんの作品を展示。かつての武甲山の姿などを鑑賞できる。

秩父市熊木町3-12　☎0494-26-5879

有田焼のカップやお皿も販売

そば

手打ちに
こだわった風味豊かな
そばが食べられる

そばの杜

秩父の味が
いろいろ
楽しめます!

秩父は、市内においしいそば店が多いことで知られるが、そのなかでもおすすめなのが、そばの杜だ。国内産の石臼挽きそば粉を使った二八そばは、コシが強く濃いめのそばつゆとの相性も抜群。食べた瞬間に、そばの風味が鼻に抜けていく。みそポテトなど秩父の郷土料理もセットで楽しめるのが、うれしい。

秩父市本町3-1
『秩父ふるさと館』2F
☎0494-26-5335

そば、みそポテト、おなめなど地元の特産品がいっぱいのちちぶ御膳

歴史を感じる秩父ふるさと館の2階がお店

店内は広々とし40名以上収容できる

羊羹

行動食に持っていきたい!
江戸時代から続く
手煉り製法の羊羹

太田甘池堂
秩父店

220年前の創業時と変わらず、厳選された、小豆、砂糖、いんげん、寒天のみを原材料として使用。もっちりとした食感と濃厚な味わいは、和菓子好きにはたまらない。皇室をはじめとする宮家へ十数回献上されたこともあり、全国から買い求めに来るファンも多い。

秩父市熊木町9-2
☎0494-26-7010

食べ歩きもできる
小羊羹

羊羹は、本煉（いんげん）、田舎（あずき）、柚子の3種類

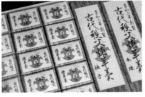

箱入り羊羹は、お土産におすすめ

モダンで清潔感にあふれる店構え

オシャレな雰囲気の店内

コーヒーと合う焼き菓子がいっぱい

ロゴマークの羽が生えた羊は店主の名前「翔」からイメージした

地元の人に愛される
季節を感じるやさしいお菓子

パティスリーイシノ

秩父出身の店主、石野翔さんが修業したフランス菓子を中心にケーキやジャムなども販売。地場産の旬の素材を使ったお菓子は、地元でも大人気。石野さんは「自分で食べておいしいと思うお菓子、誰かに贈りたいと思ってもらえるお菓子を作り続けたい」と話す。

秩父市熊木町熊木町15-2
KMGビル 1F
☎0494-26-5878

フランス菓子

モンブランやぶどうのショートケーキなど季節を感じるお菓子がコンセプトだ

←丼をはみ出そうな大きさのとんかつ

→わらじかつ丼は、テイクアウトも可能

わらじかつ丼

わらじのように大きなカツに甘辛いタレが染み込んだ秩父名物

小鹿野 安田屋 秩父店

わらじのように大きくて薄いとんかつに甘辛いしょうゆだれをかけた秩父名物、わらじかつ丼のお店。揚げたてのカツにサッとタレを通しているため衣のサクサク食感も楽しめる。メニューはわらじかつ丼のみで、肉は1枚か2枚を選べる。休日は行列ができることも。

秩父市日野田町1-6-9　☎0494-24-3188

ウサギが描かれた看板が目印

行動食にはデニッシュ系のパンがおすすめ

パン

国産小麦にこだわった
小麦本来の味を感じるパン

ラパンノワール
くろうさぎ

小麦粉は国産小麦、酵母は
自家培養の天然酵母を使い、
ほかの原材料もオーガニッ
クや自然農法の素材を使用。
素材の味がしっかり感じら
れるパンは、地元の人を中
心に大好評。夕方には売り
切れてしまう商品があるの
で、午前のうちに来店する
のがおすすめ。

秩父市野坂町1-18-12
☎ 0494-25-7373

ノアレザン、クリームチーズいちじく、胡桃満月のおすすめ3点セット

そば

秩父地粉と武甲山の
伏流水で打つ二八そば

名物秩父蕎麦
立花

武甲山の伏流水で打った秩
父産の粗挽きのそばは、の
どごしもよくそばの香りが
ふわりと口に広がる。営業
時間が11時〜18時（入店
は17時）で、休憩時間がな
いのでハイキング帰りにも
ふらっと立ち寄れるのがう
れしい。つまみも充実して
おり、昼飲みも楽しめる。

秩父市野坂町1-11-3
☎ 0494-24-5665

立花自慢のざるそばとわらじかつ丼のセットは、いちばん人気のメニュー

親戚の家のようなつくりが落ち着く

夏は
天然水のかき氷も
やってます！

ラーメン おにぎり

生姜の香りと醤油のコクがミックスされたスープと細麺の相性がバッチリ！

懐かしさを感じるラーメンは
もう一度食べたくなるうまさ

松村甘味食堂

甘味食堂という名前だが、ラーメンや親子丼、カレーなどの食事メニューが充実。特に刻みネギがたっぷり入ったラーメンがおすすめ。どれもリーズナブルな値段で、昔懐かしい味が楽しめる。午前はおにぎりやおこわなどのテイクアウトのみ、食堂はお昼からの営業。

秩父市東町7-8
☎0494-22-1857

おこわや太巻きも
おすすめ！

昭和レトロ感いっぱいの店内

お店は、番町商店街の途中にある

お土産 ホルモン

ニンニクが強めのタレが食欲をそそる

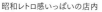

お土産はもちろん
地場産の
野菜や果物も販売

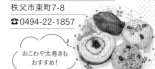

秩父駅直結なので
便利

じばさん商店

秩父の定番土産から地元農家の野菜、ローカルフードの隠れた銘品まで購入できるお土産ショップ。人気の商品は、ほどよい酸味とシャキシャキ食感がたまらない「しゃくしな漬け」とか。秩父では、ご飯のお供に欠かせない漬物だ。

秩父市宮側町1-7　☎0494-24-6966

日・祝は休み。
土不定休

地元の大工さんに
愛され続ける
絶品ホルモンのお土産

友愛商事

秩父の名物といえばホルモンだが、人気店は予約困難なことも多い。そこで持ち帰りで本格的な味を楽しみたい人におすすめなのが、友愛商事の「材木屋ホルモン」。ホルモン好きの材木店の社長が開発しただけあって、やみつきになるおいしさだ。

秩父市上町2-17-21　☎0494-22-2286

秩父を代表する漬物、しゃくしな漬け

お土産

100年間愛され続ける
秩父のソウルフード
武島家のいなり寿司

> 手作りの
> 老舗の味を
> 召し上がれ

ひとつひとつ手作業で油揚げに酢飯を詰めてゆく

取材日は、芝桜まつりだったので深夜1時から
仕込み開始だった

秩父には、おいしいそばやホルモン焼きなどたくさんの名物がありますが、地元民のソウルフードといえば武島家のいなり寿司です。創業は大正5年。伝統の味を100年以上守り続けている武島享子さんにお話をうかがいました。

「もともとは私の母親が、饅頭やかき氷を売る店をやっていて、おいなりさんも出すようになったんです。特徴は、甘くて味が濃いこと。みなさんが、この味を気に入ってくださって本当にありがたいことです」

子どものときに食べた味が忘れられず、お嫁に行った人が帰省すると買いに来てくれることも多いとか。秩父では、運動会やお誕生会、年末年始などの行事ごとには、武島家のいなり寿司が欠かせない。

「いなりに使っている油揚げは、手揚げしているお豆腐屋さんから仕入れています。機械揚げとは、食感が全然違うんですよ。手揚げのほうが、肉厚で食べ応えがあります」

秩父においしいものが多い理由について享子さんに聞いてみると、「水がいいからじゃないかしら」とのことでした。「お豆腐やそば、うどんがおいしいのも、水のおかげですね。遠くのお客さんに水を出すとみなさんおいしいって召し上がりますね。水道の水なんですけどね（笑）」。

武島家は、海苔巻き1本からテイクアウトOK。ただし、お祭りや観光シーズンは混雑していることが多いので、電話予約するのがおすすめです。

武島家

秩父市番場町16-4

☎0494-22-0739

> 1日に1000個以上
> 売れることもある

油揚げの甘い味付けと
生姜の組み合わせ絶妙。
ハイキングの行動食に
もぜひ！

「秩父の人は、やさし
くて人柄がいいですよ。
ぜひ遊びに来てくださ
い」と語る享子さん

秩父ほろ酔いお酒巡り

新酒販売を
知らせる杉玉

秩父エリアには、江戸時代に創業した日本酒の蔵元をはじめ、ワイナリー、ウイスキーの蒸溜所、クラフトビールや蜂蜜酒（ミード）の醸造所などがあり、7種類のお酒が造られている。酒造会社が多い理由としては、秩父では年間に400を超えるさまざまなお祭りが行なわれており、昔からお酒が振る舞われる習慣があったからといわれている。また、石灰岩からできた秩父山系を通過したおいしくて、きれいな湧水が豊富にあること、寒暖差が激しくぶどうなどの原材料の栽培に適していることなども挙げられる。山歩きの後は、秩父の蔵元やワイナリー巡りを楽しんで、仲間と一緒に乾杯してみてはいかがだろうか。

日本酒

武甲山伏流水を
仕込み水に使用し、
日本酒好きから人気の
「武甲正宗」の醸造元

武甲酒造

江戸時代中期に創業され270年以上の歴史を誇る老舗。武甲山から湧き出る名水、武甲山伏流水を酒の命でもある仕込み水に使っている。代表銘柄である「武甲正宗」は、製法の違いや季節限定酒などで20種類以上を販売。試飲をしながら自分の好みの一本を探してみるのも楽しい。

秩父市宮側町21-27

☎ 0494-22-0046

武甲正宗のなかでもおすすめの3本を選んでいただいた

店舗は、国の登録有形文化財に指定

店舗には自慢の銘酒がズラリと並ぶ

無料で蔵見学もできる

「全国新酒鑑評会」で
7年連続金賞を受賞。
酒蔵資料を展示する
酒蔵資料館も見応えがある

矢尾本店（酒づくりの森）

全国新酒鑑評会で7年連続
金賞を受賞した「秩父錦」
の蔵元。芳醇でコクのある
味わいは、海外でも高く評
価されている。試飲販売を
行なう物産館には、江戸時
代から使われてきた酒造り
の道具などを展示する酒蔵
資料館も併設されている。

秩父市別所1432
☎ 0494-22-8787

試飲コーナーでは、いろいろな秩父錦の飲み比べができる

江戸時代の酒造りの様子を再現した展示

広い駐車場がある「酒づくりの森」

2018年に寄居町から
長瀞町に蔵を移転。
埼玉県産の酒米と
長瀞風布地区の湧水に
こだわる酒蔵

藤﨑摠兵衛商店

埼玉でしか造れない地酒を
追求し、埼玉県産の酒米と
長瀞風布地区に湧く良質な
水を仕込み水に使用。2018
年に寄居町から長瀞町に蔵
を移転し、新たに生まれた
のが「長瀞」。果実のような
フルーティで華やかな味わ
いが、好評を博している。

秩父郡長瀞町長瀞1158
☎ 0494-69-0001

フォトスポットに
ある酒樽

埼玉の水と米にこだわった日本酒「長瀞」

明るくてオシャレな雰囲気のショップ　　宝登山神社参道の道筋にショップがある

ワイン

昭和15年に創業した
老舗ワイナリー。
「源作印ワイン」は
著名人にもファンが多い

秩父ワイン

ワインが一般的ではなかった昭和15年に創業し、5代にわたって家族で受け継いできた老舗ワイナリー。創業者の名前を冠した「源作印ワイン」は著名人にもファンが多い。日本ワインコンクールで4年連続金賞受賞など数々の受賞歴をもつ。

小鹿野町両神薄41
☎0494-79-0629

試飲もOKなので、秩父伝統の味をお試しあれ

歴史を感じさせるワイン樽

ここでしか買えない蔵出し品も販売

ワイン

秩父で収穫されたぶどうから造られたワイン

↑2015年から自社での醸造を開始
←秩父は、ぶどうの栽培好適地

秩父産ぶどうにこだわり、
ワインを製造。
秩父の自然の恵みが
凝縮されたワインは
お土産に最適

兎田ワイナリー

埼玉県を代表するご当地ワインをめざして、秩父産ぶどうをメインに使用したワインを製造。近隣の直営レストラン「うさぎだ食堂」では、地元の食材を使った食事と一緒にワインを楽しめる。同食堂には試飲や購入ができるショップも併設。

秩父市下吉田3720
☎0494-26-7173

人類最古のお酒
『蜂蜜酒（ミード）』の専門醸造所。
豊潤な香りと爽やかな甘さで人気急上昇中！

ディアレットフィールド醸造所

口に含むと花の香りと白ワインのようなフルー
ティな甘さが広がる「ミード」。蜂蜜をゆっくり
発酵させ無添加で造るだけあって、後味もすっ
きりとして本当においしい。四季折々の花が咲
く秩父は、水がきれいなうえに良質な蜂蜜が採
れるので、高品質のミードができる。

冷やしてチーズをつまみに飲むと最高。白ワイン好きならハマるはず

（左）自然が豊かな秩父は、さまざまな花の百花蜂蜜が採れる
（右）蜂蜜をゆっくり発酵させて無添加で醸造する

秩父の寒暖差が熟成を促進させる

最もポピュラーな
ホワイトラベル
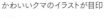

世界一に輝くジャパニーズウイスキー
「イチローズモルト」を生産

ベンチャーウイスキー

秩父市の蒸留所、ベンチャーウイスキーが造る
「イチローズモルト」は、世界中の愛酒家から注目
を集めるお酒。希少価値の高いウイスキーとし
て有名だが、秩父の飲食店では飲むことができ
ることが多いので、登山帰りに楽しんでみたい。

かわいいクマのイラストが目印

2017年に醸造を開始した
秩父初のクラフトビール醸造所

秩父麦酒醸造所

下山後は、
秩父麦酒で乾杯！

秩父初のビール醸造所として、2017年に誕生。
クラフトビールになじみのない人でも飲みやす
さと楽しさを感じられる「癒し系麦酒」を展開
している。秩父エリアの駅売店や道の駅、酒販
店で販売されているので、手土産にもぴったり。

秩父札所三十四

秩父札所とは？

清浄な空気に満たされた境内に足を踏み入れるだけで、心が穏やかになってくる

　秩父札所巡りとは、秩父の観音様を祀る34の寺を巡ること。かつては巡礼者が願い事を込めてお堂に木札を打ち付けたので札所と呼ばれるようになった。観音様は多くの仏様のなかでも、人々の苦しみを除いたり、願い事を聞いてくれるという。

　また、観音様は人々を救うために33の姿に変身することから、札所は33カ所とされた。

　秩父でも当初の札所は33カ所だった。しかし、それ以前に坂東と西国に33札所があったので、全部できりのよい百観音霊場とするため秩父は34カ所となった。そして近世には江戸から近い秩父霊場は人気が高まり、1日に2～3万人が札所を巡ったという。

　また、秩父札所は普段非公開の御本尊を12年に1度公開しているが、次回は令和8（2026）年だ。

たくさんの仏様に出会える

観音霊場巡り

秩父札所巡りの魅力

　秩父札所巡りの魅力は、豊かな自然や江戸時代の風情に触れながら、巡礼をすることができる点だ。道中には、江戸時代の道標石や庚申塔などが数多く残っている。尾根道を登り、谷を渡り、田園風景を眺めつつ歩けるのは、秩父札所ならでは。

　また、巡礼途中で名物のそばなどを食べたり、温泉に入る楽しみもある。しかも首都圏に住んでいるならアクセスも至便なので、何回かに分けて通うことも可能だ。

願い事を絵馬に書いて奉納する人も多い　　秩父の自然を体感できるのも札所巡りの魅力

巡礼の基礎知識

　札所巡りは順不同でOK。もし雰囲気だけでも確かめたいなら、秩父市街地の13番→15番→16番が近くて歩きやすい。巡礼の際に準備するものは特にないが、歩きやすい服装とハイキングシューズ、水は用意したい。金剛杖やおいずる（白衣）などの本格的なアイテムをそろえたい場合は、1番か13番で購入できる。

　また、参拝の証として御朱印をいただくことができるので、巡礼記念としてできれば納経帳（御朱印帳）を用意しておきたい。秩父札所専用の納経帳は、秩父札所連合会のWEBサイトや1番か13番の札所で入手できる。

　一般的なマナーとして、納経時間（御朱印をいただける時間）を守り、境内で大きな声で騒いだり、指定された場所以外での飲食は慎むこと。

朱印料

	書入れ朱印	朱印
朱印帳	300円*	200円
掛軸	500円	200円
おいずる	500円	200円

＊令和6年3月からは500円

納経時間

夏時間（3～10月）	8～17時
冬時間（11～2月）	8～16時
昼休み（通年）	12～12時30分

御朱印は仏様とご縁ができた記録となる

秩父札所三十四観音霊場巡り

第1日目

札所一番バス停
↓
札所9番
↓　　　　　　　約12km
横瀬駅　　　約4時間15分

● アクセス（行き）

西武秩父線　西武秩父駅

西武観光バス（T3）／（T1・T2）

札所一番バス停／栃谷バス停

札所1番
四萬部寺 卍

札所一番バス停 🅂

栃谷バス停

45分

定峰橋
登山口

定峰神社 ⛩

定峰バス停

⚠ 急な上り

札所2番の納経所
光明寺 卍

のどかな
田園風景が
広がる

岩棚の
キンモクセイ ✳

札所2番
真福寺 卍

35分

真福寺分岐

札所18番
神門寺 卍

聖地公園

埼玉県
秩父市

札所3番
常泉寺 卍

15分

新木鉱泉

20分

金昌寺バス停

札所4番
金昌寺 卍

住宅街を進む

武甲山が見えてくる

20分

札所5番の納経所
長興寺 卍

札所5番
語歌堂 卍

札所10番
大慈寺 卍

札所11番
常楽寺 卍

35分

やまと―あーと
みゅーしあむ

武甲温泉

道の駅 ちちぶ

牧水の滝

見晴しの丘
恋の池

横瀬町役場

横瀬川

川沿いの
散歩道

武甲山が
よく見える

札所9番
明智寺 卍

横瀬駅 🅖

15分

札所7番
法長寺 卍

札所6番
卜雲寺 卍

10分

六番峠ハイキングコース

マス釣り場

琴平神社 ⛩

農村公園

農村公園入口

芦ヶ久保大観音 卍

白鬚神社
茂林寺 卍

三菱マテリアル工場

35分

延命地蔵尊

線路に
沿って歩く

25分

埼玉県
横瀬町

299

道の駅 果樹公園あしがくぼ
（P59）

芦ヶ久保駅

飯能駅

札所8番
西善寺 卍

西武秩父線

1番の納経所には納経帳や
杖などの巡礼用品がそろっ
ているので、必要なものを
購入しておこう。1番から
2番へは傾斜のきつい道な
ので、ゆっくり歩きたい。
その後、3番まで下ると9番
までは平坦なので歩きやす
い。4番から5番へ歩く際
は、正面に武甲山が望める。

ヤマタイムで
ルートチェック！

8番のなで仏。触ると
病気が治るという

N

1:35,000
0　　　　　500m

1番 四萬部寺（しまぶぶじ）

本堂は元禄時代建立で、34札所のなかで唯一県の有形文化財に指定。欄間の地獄極楽の彫刻が美しい

2番 光明寺（こうみょう）

納経所

真福寺は無人のお寺なので、納経や御朱印授与は光明寺で行なう。禅寺らしく落ち着いた雰囲気の名刹

4番 金昌寺（きんしょう）

仁王門前にある約2mの大わらじが目印。赤子に乳房をふくませている子育て観音像が心を和ませる

6番 卜雲寺（ぼくうん）

高台にあるので境内から武甲山の姿がよく見える。参道の願い地蔵は、大願成就などで人気を集める

8番 西善寺（さいぜん）

本堂庭にある県指定天然記念物のコミネモミジが見事。新緑・紅葉のころは、多くの参拝者が訪れる

2番 真福寺（しんぷく）

老婆が観音様にすがり、大棚禅師が開基したと伝わる寺。本堂には千社札がたくさん貼られている

3番 常泉寺（じょうせん）

田んぼの野良道の先に立つ墨色の寺。寺宝の子持石を抱くと子宝に恵まれるといわれる

5番 語歌堂（ごか）

御本尊は准胝観世音菩薩で心の迷いを救う功徳があるとされる。納経は、250m先の長興寺で行なう

7番 法長寺（ほうちょう）

本堂は秩父札所最大の大きさで、平賀源内の設計といわれている。前掛けをした牛の像がシンボル

9番 明智寺（あけち）

明治時代に焼失した観音堂が平成2年に再建。安産の観音菩薩として知られ、女性参拝者が多い

秩父札所三十四観音霊場巡り

第2日目

横瀬駅
↓
札所19番   約10km
↓
大野原駅   約4時間10分

ヤマタイムで
ルートチェック！

G 大野原駅

札所19番
龍石寺卍

15番の山門の屋根に
は、フクロウが！

埼玉県
秩父市

札所之20
堂番

岩札所上
秩父橋

札所18番
卍 神門寺

25分

15分

西武秩父駅周辺の市街地を
回るコース。レストランや
博物館などの立ち寄りスポ
ットと併せて巡るのがおす
すめ。街中には江戸時代に
作られた道標石が多いので、
それを見て歩くのも楽し
い。秩父観光情報館にはレ
ンタサイクルがあるので、
自転車で回ることもできる。

細い道に入る

秩父美術館
（P.66）

札所22番
童子堂卍

20分

札所17番
定林寺卍

秩父鉄道

20分

古くからの
巡礼道

札所16番
西光寺卍

秩父公園橋

15分

秩父駅

道の駅 ちちぶ

卍 札所10番
大慈寺

30分

埼玉県
横瀬町

稲荷上
神之臺

武甲温泉

秩父神社

札所15番
少林寺卍

札所14番
今宮坊卍

15分

10分

札所11番
常楽寺卍

やまと一あーと
みゅーじあむ

見晴しの丘
姿の池

武甲山資料館
（P65）

55分

横瀬川

御花畑駅

札所13番卍
慈眼寺

秩父
市役所

牧水の滝

西武秩父駅
秩父観光
情報館

25分

20分

横瀬町役場

金刀比羅
神社

12番は、花のお寺とし
ても知られている

東林寺卍

札所9番
明智寺
卍

札所12番
野坂寺卍

横瀬駅 S

西武秩父線

芝桜の丘（P104）

三菱マテリアル
工場

羊山公園

宇根口

N
1:25,000
0   500m

飯能駅

10番 大慈寺
（だいじ）

丘の中腹にある山里の寺。アニメ『心が叫びたがってるんだ。』の舞台となったことでも知られる

11番 常楽寺
（じょうらく）

秩父市街を一望する山寺。1月3日の厄除け元三大師と4月20日のご本尊の縁日は参拝者でにぎわう

12番 野坂寺
（のさか）

季節ごとにモモ、フジなどの草花が咲き誇る花の寺。境内には閻魔大王や観音様など数多くの像が並ぶ

13番 慈眼寺
（じげん）

眼病に悩む人を救う「目の薬師」として知られる。メグスリノキの飴は甘さ控えめでお土産におすすめ

14番 今宮坊
（いまみやぼう）

住宅地のなかにひっそりと佇む札所。輪廻塔の円盤を廻すと、最高の幸せが約束される伝説がある

15番 少林寺
（しょうりん）

白漆喰塗りの本堂と枯山水のコントラストが美しい。春は境内に約200株のボタンが咲く（P127参照）

16番 西光寺
（さいこう）

四国八十八ヶ所本尊の模刻を祀る回廊堂のほか、名刺を貼るとお金が倍になる酒樽大黒天がある

17番 定林寺
（じょうりん）

百観音の御本尊を浮き彫りにした梵鐘は、県有形文化財に指定。音もすばらしく、秩父三名鐘のひとつ

18番 神門寺
（ごうど）

観音堂は秩父の宮大工、藤田若狭の手によるもの。境内にあるニコニコ地蔵尊がほほ笑ましい

19番 龍石寺
（りゅうせき）

巨大な一枚岩の上に立つ歴史のある寺。三途婆堂には子どもの病気を治す奪衣婆の像が祀られている

秩父札所三十四観音霊場巡り

第3日目

大野原駅
↓
札所25番   約13.5km
↓
影森駅   約4時間40分

ヤマタイムで
ルートチェック！

1:36,000
0   500m

江戸時代の古道。
道が荒れているので
注意

15分

大野瀬駅↑

大野原駅
S
札所19番
龍石寺
15分

15分

札所21番
観音寺
15分

秩父橋
札所20番
岩之上堂

明治古道
道標
10分

20分

武甲山や荒川が
眺められる

140

札所18番
神門寺

埼玉県
秩父市

299

札所17番
定林寺

小鹿坂峠

札所23番
音楽寺

35分

札所22番
童子堂

秩父公園橋

急斜面の上り

札所16番
西光寺

秩父駅

道の駅 ちちぶ

三差路

秩父ミューズパーク

佐久良橋

50分

別所
運動公園

武甲山がよく見える

札所14番
今宮坊

秩父神社

札所15番
少林寺

札所11番 上之臺稲荷
常楽寺 神社

やまと一あーと
みゅーじあむ

札所13番
慈眼寺

御花畑駅
秩父
市役所

見晴しの丘
姿の池

札所24番
法泉寺

西武秩父駅

牧水の滴

(P.137)酒づくりの森

荒

川

1時間

東林寺

札所12番
野坂寺

羊山公園

芝桜の丘

下影森

のどかな里山の風景が
広がる

巴川橋

柳
大
橋

140

秩
父
鉄
道

1時間

札所25番
久昌寺

G
影森駅

久那橋

今井屋
(P.107)

長福寺

札所26番
円融寺

不動名水

浦山口駅

秩父鉄道

秩父市浦山
歴史民俗資料館

レゾナック秩父事業所

札所27番
大渕寺

護国観音

琴平神社

岩井堂
札所26番の奥の院

三峰口駅

3日目からは秩父の中心街
を離れ、のどかな田園風景
が広がる道を歩く。コース
途中では武甲山が眺められ
るのがうれしい。21番から
23番までは江戸時代の古
道も歩けるが、道が荒れて
いるので注意。江戸古道を
歩く場合は、23番から22
番に戻ることになる。

20番 岩之上堂
いわのうえ

江戸時代初期に建てられた観音堂は、秩父札所最古の建造物といわれている。境内は、春のサクラやコブシ、秋の紅葉が美しい

21番 観音寺
かんのん

県道に面した寺で、門や塀がないので開放的な雰囲気。御本尊は大火を逃れたことから火除けの観音様として霊験があるという

明治古道道標
めいじこどうどうひょう

21番を出て江戸時代の古道との分岐を過ぎたところにある石の道標。ここから県道72号を外れて細い道に入ってゆく

22番 童子堂
どうじ

田んぼの間の道を抜けると秩父でも珍しくなった茅葺きの仁王門が現われる。この門の左右には特徴的な金剛力士が祀られているので見ておきたい。観音堂は江戸時代中期に造られたもので、風神・雷神や迦陵頻伽などの彫刻が見事

←
素朴な金剛力士像は、ユーモラスな雰囲気

23番 音楽寺
おんがく

その名のとおり音楽関係者がヒット祈願に訪れることが多い。境内には秩父事件の決起を告げた1768年鋳造の梵鐘がある

24番 法泉寺
ほうせん

116段の急な階段を上ると正面に観音堂が見えてくる。堂前には令和2年に信者が奉納した御神木、龍泉層塔が祀られている

25番 久昌寺
きゅうしょう

境内には広大な弁天池があり夏には古代ハスが咲く。納経時に希望すると、天国への通行手形、御手判の刷り物をいただける

第4日目

影森駅
↓
札所30番　　　　　約14km
↓
白久駅　　　　約4時間25分

奥の院まで険しい山道が続く26番や鍾乳洞が併設された28番など個性的な寺が多いコース。26番の奥の院に行くときは、レゾナックの工場敷地内を通るため入口受付で必ず許可をもらうこと。斜面にへばりつくように立てられた岩井堂は一見の価値がある。

埼玉県
秩父市

二番高岩
一番高岩
秩父御岳山
登山口
贅川宿
白川橋
三峰口駅
秩父鉄道
白久駅
G
八津川
140
卍 阿弥陀寺
三峯神社

15分

35分

N
1:36,000
0　　　500m

札所30番
法雲寺 卍

白久温泉谷津川館

道の駅
あらかわ

日野籠橋

武州日野駅
弟富士カタクリ園
弟富士山
386
浅間神社

26番
えん ゆう
円融寺

石垣の上に江戸時代中期に建造された大きな本堂が立つ。境内にある子育て地蔵尊は、新生児を災難から守ってくれるという

26番
いわ い
奥の院 **岩井堂**

京都の清水寺を模して造られたという岩井堂。お堂自体も見事だが、背後の岩窟に納められている石仏なども見応えがある

27番
だい えん
大渕寺

境内にある延命水は、ひと口飲むと33カ月長生きできるという。また、近くにある護国観音は、関東三大観音に数えられる

28番
はし だて
橋立堂

高さ65mの巨大な岩壁を背に朱塗りの観音堂が立つ。秩父札所のなかで唯一、馬頭観音が本尊で交通安全のご利益がある

札所25番
久昌寺 卍

埼玉県
秩父市

車の通行がない
ハイキングコース

久那橋

荒川

不動名水

秩父鉄道

護国観音

浦山口駅

秩父市浦山
歴史民俗資料館

影森駅 Ⓢ
今井屋
（P107）

長福寺

秩父鉄道 ▶秩父駅
10分

卍札所26番
円融寺

レゾナック秩父事業所

25分

琴平神社

大山祇神社

長者屋敷跡

20分

札所27番
大渕寺

岩井堂
札所26番の
奥の院

尾根道を
歩くこともできる

荒川秩父総合市支所所

武州中川駅

1時間30分

千手観音堂

参道入口

清雲寺
（P126）

若御子神社

国見の広場

若御子峠

ダム下分岐

左にダムを眺める

30分

浦山ダム

秩父さくら湖

卍札所29番
長泉院

卍札所28番
橋立堂

橋立鍾乳洞

林道橋立線

浦山ダム防災資料館
うららぴあ
（P123）

ヤマタイムで
ルートチェック！

橋立鍾乳洞
（はし　だて　しょうにゅう　どう）

この鍾乳洞は12
万年前にできたと
いわれ、縄文時代
は住居であった。
また、江戸時代は
修験の霊場として
も使われていた

立ち寄りスポット

道の駅 あらかわ

秩父市荒川日野538-1
☎0494-54-0022

地元荒川の旬の野
菜や果物を販売。
食堂ではおいしい
そばも食べられる。
おすすめのお土産
は、行者にんにく
の醤油漬け

29番 長泉院 （ちょうせん）

境内のシダレザク
ラは、一時花が咲
かなかったが、再
び咲くようになっ
たことから「よみ
がえりの一本桜」
として知られる

30番 法雲寺 （ほう　うん）

本尊の如意輪観音
は、唐の玄宗皇帝
が楊貴妃の供養の
ために作ったとい
われる。境内には
多くの楊貴妃絵馬
が奉納されている

149

秩父札所三十四観音霊場巡り

第5日目

白久駅
↓
間庭の祠
↓　　　約13km
栗尾バス停　約4時間35分

アクセス（帰り）

| 栗尾バス停 |
| 西武観光バス（G） |
| 西武秩父線 西武秩父駅 |

宮平橋

栗尾バス停

黒海土バイパス前交差点

10分 **G**

三田川郵便局

千部供養塔

299

55分

ここから峠越えの道となる

権五郎
落峠

馬頭尊

埼玉県
小鹿野町

小鹿野町両神振興会館

30分

法養寺薬師堂

両神神社

両神温泉国民宿舎両神荘
薬師堂バス停

道の駅 両神温泉薬師の湯（P113）

温泉があり、そばがおいしい

鳥居山コース

柏沢
分岐

車道

薬師堂コース

桜本

35分

桜本コース

772
四阿屋山
（P110）

山居

押留コース登山口

間庭の祠

馬頭観音

山居分岐

5分

白沢

堂上のセツブンソウ自生地（P113）

堂上バス停

小森川

45分

この区間は、札所はないものの江戸時代をしのばせる風景が広がっているので、雰囲気のある古道歩きが楽しめる。また、権五郎落峠や贅川、小森川などの谷があるのでアップダウンも多く歩きがいがある。昼食は、道の駅 両神温泉薬師の湯のそばがおすすめ。

大指バス停

巳待塔

ヤマタイムで
ルートチェック！

45分

荒川
西小

埼玉県
秩父市

秩父御岳山
1080 粥石分岐

江戸時代に
三峯神社参詣の
人たちが使った道

二番高岩

一番高岩

贅川宿

白久駅

140

S

秩父鉄道

白川橋

三峰口駅

三峰口バス停

八津川

秩父駅

35分

10分

N

1:47,000

0　　　500m

登山口

強石バス停

庚申塔右三十番

庚申塔右三十番
こう しん とう みぎ さん じゅう ばん

白久駅から農地が広がる道を歩いていくと、左手に安永9（1780）年に建立された村や辻の守り神である庚申塔が見られる

贄川宿
にえ かわ じゅく

江戸時代から昭和初期まで、三峯神社の参詣や秩父甲州を住環する商人で栄えた宿場町。町内はかかしの里として知られる

巳待塔
み まち とう

巳の日に深夜まで起きて精進供養をし、村内安全などを祈る巳待講のために建立された塔。巡礼道ではよく見かける

馬頭観音
ば とう かん のん

馬頭観音は、交通手段として使われた馬を供養する観音様として信仰を集めた。民家の軒先にあるので少しわかりにくい

間庭の祠
ま にわ ほこら

十一面観音、八坂神社、鬼神神社、妙見宮が祀られている祠。八坂神社では毎年7月に「甘酒まつり」が開催されている

法養寺薬師堂
ほう よう やく し

建造は室町末期といわれ、県有形文化財に指定。本尊の薬師如来は、秩父十三仏のひとつであり、福徳円満のご利益がある

馬頭尊
ば とう そん

権五郎落峠越えの道が始まる入り口には、馬頭尊と親孝行をしたことで緑綬褒章を下賜された竹内以志女の墓が立っている

千部供養塔
せん ぶ く よう とう

三田川郵便局近くにある、寛政12（1800）年建立の千部供養塔。この塔は経を1000回読誦したことを記念して建てられた

秩父札所三十四観音霊場巡り

第6日目

栗尾バス停
↓
札所31番
↓
札所32番　　　　　　約16km
↓
松井田バス停　約5時間5分

● アクセス（行き）

西武秩父線 西武秩父駅
西武観光バス（G）
栗尾バス停

● アクセス（帰り）

松井田バス停
西武観光バス（G）
西武秩父線 西武秩父駅

31番には畠山重忠ゆかりの「馬の蹄跡洞窟の石仏群」がある

地蔵寺

境内には、水子を供養するための地蔵が1万4000体余りも奉納。赤い前掛けや風車が供えられた地蔵には心が揺さぶられる

31番

観音院の仁王門

仁王門の中には、台座を含めると4m以上の高さの金剛力士像がある。石造りとしては日本最大級の像をぜひ、見ておきたい

31番

観音院

本堂は三方を岩に囲まれて霊験あらたかな雰囲気。境内には爪で彫ったといわれる摩崖仏が「十万八千仏」あるという

十一面観音堂

栗尾バス停前にある十一面観音堂。十一面観音は、苦しむ人を見つけるために11の顔があり、全方向を見守っている

31番境内にある滝壺横の不動明王像

小鹿野町の中心部を歩く

不動堂

小鹿野町役場

30分

地蔵菩薩

大日峠分岐

赤平川

山道を下る

大日峠

1時間5分

般若川

札所32番
法性寺

岩船観音

法性寺分岐

大徳院　奈倉橋

おがの化石館
ようばけ

松井田バス停

赤平橋　G

宮本家

日本武神社

長留川

1時間10分

歩行距離が約16kmと7日間のなかでいちばん長いので、2回に分けて歩いてもよい。31番は仁王門から観音堂まで標高差53m、296段の階段を上る。32番は、奥の院である岩船観音に参拝できる（往復約1時間）。ただしクサリ場もあるので、充分注意したい。

荒川

札所22番
童子堂

小鹿坂峠

札所23番
音楽寺

秩父公園橋

札所17番
定林寺

小鹿野ミューズパーク

札所16番
西光寺

秩父駅

秩父神社

佐久良橋

札所14番
今宮坊

秩父鉄道

ヤマタイムでルートチェック！

不動堂

小鹿野町の中心部にある不動堂。明治時代に成田山の不動尊を勧請したという。歴史を感じさせる浮彫彫刻が見事だ

地蔵菩薩

赤平川へと下っていく道の途中にある地蔵尊。安永4（1775）年建立で、台座には「右三十二ばん道」と記されている

32
番

法性寺

大日峠を越えた先にある山寺。舞台造りの観音堂は宝永4（1707）年に建立されたもの。岩船山の頂上には岩船観音がある

32番の観音堂裏には岩窟石仏が祀られている

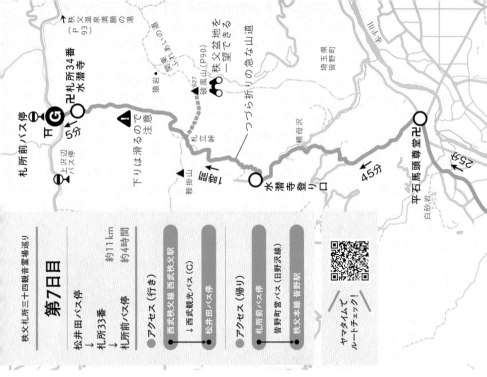

→ 秩父温泉 満願の湯（P93）

関東ふれあいの道

猿岩

破風山 627（P90）

秩父盆地を一望できる

埼玉県皆野町

赤平川

秩父盆地を一望できる山道

つづら折りなので

札所前バス停

上沢辺バス停

卍 札所34番 水潜寺

分

下りは滑るので注意

鞍掛山

霊場

札立峠

槙母沢

水潜寺登り口

45分

卍 平石馬頭尊堂

白砂岩

25分

松井田バス停
↓
札所33番
↓
札所前バス停

約11km
約4時間

● アクセス（行き）

西武秩父線 西武秩父駅 → 松井田バス停（G）西武観光バス

● アクセス（帰り）

札所前バス停 → 皆野町営バス（日野沢線）→ 秩父本線 皆野駅

ヤマタイムでルートチェック！

ようばけ

赤平川の右岸にある。地層が見える大きな崖。「よう」は太陽のこと。「ばけ」は崖がなまったもので、「陽の当たる崖」を意味している

秩父事件殉難の地 石碑

清泉寺近く小の細い坂道にある石碑。ここでも警官隊と困民党の戦いがあった。秩父ではいたるところで秩父事件の関連史跡を見ることができる

大徳院

かつては皆野小学校としても使われていた寺。近くには樹齢300年といわれる天然記念物の「大徳院の一本杉」もあるので見ておきたい

33番 菊水寺

江戸時代後期に建立された本堂は、土間造りという珍しいもの。内部には子どもの間引きを諫める「子がえしの図」が掲げられている

秩父札所巡りも終盤になるにつれて山深くなってくる。特に札立峠越えは、クマ鈴を忘れずに持っていきたい。復路の皆野町営バスは、休日は1日に5便しかないので、事前に時間を調べておくこと。34番から満願の湯まで歩き、入浴してから帰るのもおすすめ。

願い事がかなうという34番の水かけ地蔵

1:30,000
0　500m
N

ようばけ

秩父の山並みを眺めながら歩く

おがの化石館

奈倉橋

松井田バス停
赤平橋　S

道の駅 龍勢会館
秩父事件殉難の地 石碑
赤平川

取方交差点

清泉寺 卍
椋神社
兎田ワイナリー（P138）

札所33番 菊水寺 卍
25分

大徳院 卍
45分

埼玉県 秩父市
埼玉県 小鹿野町
299

ぷち寄りスポット

平石馬頭尊堂（ひらいしばとうそん）

町民の発願によって弘化4（1847）年に竣工した馬頭尊堂。堂の周囲などを飾る彫刻は、高度な技術による細工が施されている

34番 水潜寺（すいせんじ）

観音堂内には巡礼者の金剛杖や千羽鶴などが納められている。境内のお砂踏みの上で拝むと百観音巡礼の功徳が得られるという伝説もある

道の駅 龍勢会館（みちのえき りゅうせいかいかん）

朝採りの地元産新鮮野菜や手作りまんじゅうなどを販売。龍勢祭りの展示や秩父事件の資料館も併設
秩父市吉田久長32 ☎0494-77-0333

水潜寺登り口（すいせんじ）

ここから水潜寺まで約1時間の山道を歩く。札立峠までは急な登りが続くので注意。途中の破風山山頂まで足を延ばすと秩父盆地を一望できる

匠のワザが
冴える
手描き提灯

父の病気平癒を祈って
描き続けた
三十四札所の縁起絵

お店は大きな提灯のモニュメントが目印

店内は、提灯のほか、ひな人形や五月人形も販売

秩父三十四札所を巡ると、お寺の由来が描かれた縁起絵が飾られているのに気がつきます。とても色鮮やかで見ているだけでも楽しい絵なのですが、これは秩父市内にある浅賀提灯店の浅賀三千子さんが、25年の歳月をかけて自分で描いて奉納したものです。

「うちは明治33年創業の提灯屋で、私と主人で5代目になります。秩父は昔からお祭りが盛んで、提灯の需要が今でも多いんですよ」

三千子さんの父親が病に倒れたのは、43歳のとき。病名は心筋梗塞。そして60歳のときに再発、本人も「80過ぎまでは生きられないな」とさびしそうに笑っていたといいます。そんなときに三千子さんは、自宅で江戸時代の秩父三十四札所のガイドブックを発見。そこに描かれている浮世絵に感動して、父親の病気が治ることを祈って額絵を奉納することを決意しました。

「仕事が終わった後の時間で描いていたら、25年間かかりました。しかし、父は奉納を終えた2年後に亡くなったので願いは叶いました。最後に父が『親孝行はこのくらいでいいよ』って言ってくれたのが心に残っています」

札所を巡る人は、苦しみからの救いを求めている人も少なくないといわれています。

「巡っているうちに、だんだんと気持ちが落ち着いてくるんですよ。もし私の絵が、そんな方たちの気持ちを少しでもラクにすることのお手伝いになるとうれしいですね」

父のことは
今でもいろいろと
思い出します

浅賀提灯店

秩父市宮側町20-18
☎ 0494-22-1539

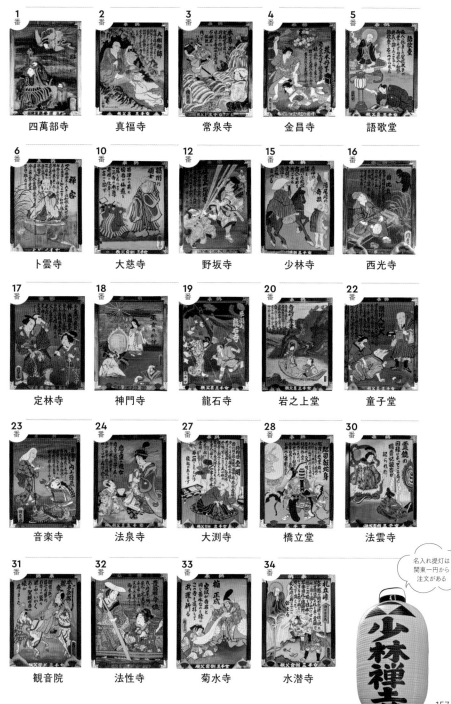

1番	2番	3番	4番	5番
四萬部寺	真福寺	常泉寺	金昌寺	語歌堂

6番	10番	12番	15番	16番
卜雲寺	大慈寺	野坂寺	少林寺	西光寺

17番	18番	19番	20番	22番
定林寺	神門寺	龍石寺	岩之上堂	童子堂

23番	24番	27番	28番	30番
音楽寺	法泉寺	大渕寺	橋立堂	法雲寺

31番	32番	33番	34番
観音院	法性寺	菊水寺	水潜寺

名入れ提灯は
関東一円から
注文がある

157

秩父のお祭り
＆
イベント情報

1「日本三大曳山祭」に数えられる秩父夜祭　2 龍勢祭のロケットは櫓から打ち上げる　3 関東最大級の面積を誇る羊山公園のシバザクラ　4 川瀬祭は神輿を荒川で洗う　5 美しい笠鉾が目を引く山田の春祭り　6 ちちぶ荒川新そばまつりは、多くの人でにぎわう
（写真提供：秩父市観光課）

秩父エリアをハイキングしていると、多くの神社やお寺が点在していることに気がつくはずだ。秩父に神社仏閣が多い背景には、地理的な要因が大きく関係している。秩父は山々に囲まれた盆地だったため、小さな集落が分散して存在。それぞれの集落には神社や寺が建立され、地元の信仰が深く根付いてきたといわれている。

　そのため、秩父では神様に感謝し、五穀豊穣などを祈願するお祭りが非常に多い。一説によると年間400を超えるお祭りが開催されているというから、毎日どこかの場所でお祭りが行なわれている計算になる。

　そのなかでも特に有名なのが、毎年20〜30万人もの見物客が訪れる秩父夜祭だ。この祭りは、「お蚕祭り」とも呼ばれ、絹織物の繁栄とともに発展してきた。もともと秩父地方は、山間部で平地が少なく寒冷地だったため稲作に適していなかった。そこで蚕のエサとなる桑を栽培したところ、一大産業になり豪華絢爛な笠鉾や屋台などを作ることができるようになったという。

　このように秩父では、古くからの信仰文化や歴史的な背景が息づいていることから、現在でもお祭りが盛んに行なわれているのだ。

	お祭り・イベント名	開催期間	概要
春	長瀞火祭り	3月第1日曜	修験者が、炎の上を裸足で歩き、開運厄除などを祈願する「紫燈大護摩・火渡荒行」が行なわれる
	山田の春祭り	3月第2日曜	秩父に春を告げるお祭りで、山車3台が巡行する恒持神社の例大祭。夜には花火も打ち上がる
	小鹿野春祭り	4月第3金・土曜	絢爛豪華な屋台が「金棒突き」と呼ばれる美しい衣装を着た少女に先導されて曳き廻される
	芝桜まつり	4月中旬～5月上旬	羊山公園の約1万7600㎡の丘が、ピンクや白など40万株以上のシバザクラで埋め尽くされる
夏	あめ薬師縁日	7月8日	札所13番の慈眼寺に祀られる薬師如来の縁日。毎年多くの露店が出店し参拝客でにぎわう
	寺坂棚田 ホタルかがり火まつり	7月上旬	埼玉県内最大級の広さを誇る横瀬町の寺坂棚田を、ろうそくとペンライトで照らすイベント
	秩父川瀬祭	7月19日・20日	秩父神社の夏祭り。20日には厄災を流す願いをこめて、神輿を荒川でもみ洗う
	長瀞船玉まつり	8月15日	荒川に約1000基の灯籠が流され、提灯をつけた万灯船が屋台囃子にのって水上を行き交う
秋	龍勢祭	10月第2日曜	椋(むく)神社の秋祭りで、龍が昇天する姿を思わせる手作りロケットが次々と打ち上がる
	奥秩父大滝 紅葉まつり	10月下旬～11月中旬	大滝エリアの紅葉が見頃の時期に開催。地元の特産品販売や郷土芸能の披露などが行なわれる
	ちちぶ荒川 新そばまつり	11月	秩父で収穫されたおいしい新そばを、紅葉を眺めながら味わうイベント
冬	秩父夜祭	12月2日・3日	豪華絢爛な山車の曳き廻しや勇壮な屋台囃子が見もの。フィナーレは、冬の夜空を花火が彩る

初心者もウェルカム！

秩父ハイク

西武池袋線＆秩父線・
秩父鉄道沿線の山歩きと
秩父三十四札所巡り

2024年2月1日　初版第1刷発行

山と溪谷社編

発行人　　川崎深雪
発行所　　株式会社 山と溪谷社
　　　　　〒101-0051
　　　　　東京都千代田区神田神保町
　　　　　1丁目105番地
　　　　　https://www.yamakei.co.jp/

印刷・製本　株式会社 光邦

● 乱丁・落丁、及び内容に関するお問合せ先
山と溪谷社自動応答サービス　TEL 03-6744-1900
受付時間／11:00-16:00（土日、祝日を除く）
メールもご利用ください。
【乱丁・落丁】service@yamakei.co.jp
【内容】info@yamakei.co.jp

● 書店・取次様からのご注文先
山と溪谷社受注センター
TEL 048-458-3455　FAX 048-421-0513

● 書店・取次様からのご注文以外のお問合せ先
eigyo@yamakei.co.jp

● 執筆＆編集
大関直樹
西野淑子
吉澤英晃

● 本文写真
高橋郁子
中村英史
吉澤英晃

● デザイン
尾崎行欧
本多亜実
（尾崎行欧デザイン事務所）

● 地図製作
アトリエ・プラン

● イラスト
ヨシイアコ

● DTP
ベイス

● 校正
戸羽一郎

● 編集
松本理恵（山と溪谷社）

絶景がお待ちかね